Anunciar
Deus hoje
como boa notícia

Dados Internacionais de Catalogação na Publicação (CIP)
(Câmara Brasileira do Livro, SP, Brasil)

Pagola, José Antonio
  Anunciar Deus hoje como Boa Notícia / José Antonio Pagola ; tradução Francisco Morás. – Petrópolis, RJ : Vozes, 2020.

  Título original : Anunciar hoy a Dios como buena noticia
  Bibliografia.
  ISBN 978-85-326-6404-4

  1. Deus 2. Igreja Católica – Doutrinas 3. Evangelização
  4. Evangelização – Século XXI 5. Pastoral – Cristianismo I. Título.

19-32072   CDD-262

Índices para catálogo sistemático:
  1. Evangelização : Teologia : Cristianismo   262

Maria Alice Ferreira – Bibliotecária – CRB-8/7964

José Antonio Pagola

Anunciar Deus hoje
como boa notícia

Tradução de
Francisco Morás

Petrópolis

© 2016, José Antonio Pagola
© 2016, PPC, Editorial y Distribuidora, S.A.

Título do original em espanhol: *Anunciar hoy a Dios como buena noticia*

Direitos de publicação em língua portuguesa – Brasil:
2020, Editora Vozes Ltda.
Rua Frei Luís, 100
25689-900 Petrópolis, RJ
www.vozes.com.br
Brasil

Todos os direitos reservados. Nenhuma parte desta obra poderá ser reproduzida ou transmitida por qualquer forma e/ou quaisquer meios (eletrônico ou mecânico, incluindo fotocópia e gravação) ou arquivada em qualquer sistema ou banco de dados sem permissão escrita da editora.

CONSELHO EDITORIAL

Diretor
Gilberto Gonçalves Garcia

Editores
Aline dos Santos Carneiro
Edrian Josué Pasini
Marilac Loraine Oleniki
Welder Lancieri Marchini

Conselheiros
Francisco Morás
Ludovico Garmus
Teobaldo Heidemann
Volney J. Berkenbrock

Secretário executivo
João Batista Kreuch

Editoração: Leonardo A.R.T. dos Santos
Diagramação: Sheilandre Desenv. Gráfico
Revisão gráfica: Nilton Braz da Rocha / Nivaldo S. Menezes
Capa: Érico Lebedenco
Ilustração de capa: Sergio Ricciuto Conte

ISBN 978-85-326-6404-4 (Brasil)
ISBN 978-84-288-2990-8 (Espanha)

Editado conforme o novo acordo ortográfico.

Este livro foi composto e impresso pela Editora Vozes Ltda.

Sumário

Lista de abreviaturas, 7

Apresentação, 9

1 Em meio a uma crise sem precedentes, 15

2 Acolher o mistério de Deus na noite, 37

3 Anunciar Deus a partir de um horizonte novo, 57

4 Experiência de Deus e evangelização, 77

5 Viver e comunicar a experiência de um Deus amigo, 103

6 Testemunhas do Deus da vida, 131

7 Recuperar a espiritualidade de Jesus, 163

Índice, 195

Lista de abreviaturas

AG	*Ad Gentes*, decreto do Concílio Vaticano II sobre a atividade missionária da Igreja
EV	*Evangelii Gaudium*, exortação apostólica pós-sinodal do Papa Francisco
GS	*Gaudium et Spes*, constituição do Concílio Vaticano II sobre a Igreja no mundo atual
RM	*Redemptoris Missio*, carta encíclica de João Paulo II
UR	*Unitatis Redintegratio*, decreto do Concílio Vaticano II sobre o ecumenismo

Apresentação

Este trabalho faz parte de um projeto para impulsionar as comunidades cristãs respondendo a um chamado do Papa Francisco que nos convida a dinamizar uma nova etapa evangelizadora. Estas são suas palavras: "Quero dirigir-me aos fiéis cristãos para convidá-los a uma nova etapa evangelizadora, marcada pela alegria de Jesus, e indicar vias para a caminhada da Igreja nos próximos anos" (*EG*). O objetivo concreto desse projeto é ajudar as paróquias e as comunidades cristãs a impulsionar de maneira humilde, mas lúcida e responsável, um processo de renovação.

Após uma obra dedicada a *Recuperar o projeto de Jesus*, abordaremos agora um tema de importância capital: *Anunciar Deus hoje como Boa Notícia*. O Evangelista Marcos nos disse que Jesus percorria as aldeias da Galileia "proclamando a Boa Notícia de Deus". Sem dúvida, o relato evangélico recolhe uma experiência real: na mensagem e na ação de Jesus, aqueles camponeses da Galileia dos anos 30 perceberam Deus como algo novo e bom. A nós, que vivemos numa sociedade indiferente e descrente, o fato não deixa de ser surpreendente. Como Jesus conseguiu anunciar a Deus como Boa Notícia? O que deve acontecer para que o mistério de Deus possa ser experimentado como algo novo e bom? Essas talvez sejam as perguntas-chave para apontar a direção adequada ao nosso ato evangelizador nesta sociedade de hoje.

O que pretendo oferecer às comunidades cristãs neste livro? Em primeiro lugar, vale lembrar que, no Ocidente europeu, estamos passando por uma grave crise religiosa. Por isso, num primeiro capítulo, intitulado "Em meio a uma crise sem precedentes", busco oferecer uma reflexão sobre a grave crise que nos sacode, e sobre as profundas transformações que atingem os cristãos que, há poucas décadas apenas, lotavam nossas igrejas, mas que hoje, literalmente falando, sumiram. Diante do que está acontecendo, não podemos limitar-nos a espectadores ingênuos. Entretanto, antes de apontarmos pistas para uma possível ação evangelizadora, urge posicionar-nos com ilimitada confiança diante do Deus revelado em Jesus Cristo, e simultaneamente realistas diante da crise em que vivemos. As perguntas e preocupações que formam o pano de fundo deste livro são estas: Como a Igreja de Jesus deveria apresentar seu modo de ser e sua forma de agir nestes momentos críticos? Como devemos entender e viver hoje em nossas paróquias e em nossas comunidades cristãs a missão evangelizadora?

O segundo capítulo é intitulado "Acolher o mistério de Deus na noite". Não podemos permanecer passivos diante de uma crise tão radical. Temos que reagir. Como viver a experiência de Deus em meio a uma noite tão escura? Como comunicar um Deus que parece interessar cada vez menos às pessoas? Não são questões teóricas, mas perguntas presentes em muitas pessoas de fé e atuais na evangelização. Duas convicções sustentam minha reflexão. A primeira pode nos inquietar. Num futuro já próximo, sem uma verdadeira experiência de Deus não haverá mais fiéis: o futuro da fé entre nós dependerá do cultivo da experiência pessoal de Deus, sobretudo em nossas comunidades. A segunda nos deve encorajar: o niilismo moderno, que põe Deus em crise, pode ser o ponto de partida para uma aproximação mais autêntica do Mistério divino, já que o niilismo expõe nossas falsas imagens de Deus, nossos ídolos e nossas manipulações do divino.

Nesse clima de caminhos novos em plena noite escura, no terceiro capítulo, intitulado "Anunciar Deus a partir de um horizonte novo", sublinho brevemente algumas atitudes que, a meu ver, temos que cultivar em nossas comunidades para anunciar a Boa Notícia de Deus em nossos dias. Destaco a confiança absoluta na ação salvífica de Deus; a necessidade de promover um novo começo da fé; a importância de acolher o Evangelho antes de querer anunciá-lo aos outros; a atitude de caminhar com os homens e as mulheres de hoje, abrindo caminhos ao Reino de Deus; o cuidado da fé como adesão ao caminho aberto por Jesus; a construção de uma Igreja que também pode ser "sinal de salvação" para todos.

Para anunciar a Boa Notícia de Deus a partir de um horizonte novo é necessário reavivar em nossas comunidades a experiência de Deus que viveram os primeiros discípulos quando se encontraram com Jesus. No quarto capítulo, que intitulo "Experiência de Deus e evangelização", articulo minha reflexão em três partes. Em primeiro lugar, aponto diversos sintomas e características da sociedade moderna, necessitada de uma experiência nova de Deus. Depois aponto para a necessidade de tomar consciência de que nosso trabalho evangelizador, em meio a essa sociedade, frequentemente se sustenta numa experiência empobrecida de Deus. Por último exponho a necessidade de impulsionar uma nova etapa evangelizadora a fim de atualizar para os nossos dias a experiência originária que os primeiros discípulos – homens e mulheres – viveram com Jesus.

Os primeiros discípulos viveram com Jesus a experiência de um Deus amigo do ser humano. Trata-se de um dado que não devemos esquecer ou obscurecer. Não abriremos caminhos que aproximem os homens e as mulheres de hoje ao mistério de Deus se não aprendermos a "viver e a comunicar a experiência de um Deus amigo". Esse é o título do quinto capítulo. Toda a atuação de Jesus se resume na encarnação do amor e da amizade de Deus para com o ser humano. A partir desse dado podemos descrever a experiência cristã de Deus em termos de amizade e entender o chamado a anunciar a Boa Notícia de um Deus amigo do homem num mundo que tanto sofre com a ausência de amor.

Sem testemunhas é impossível transmitir a experiência de Deus vivida a partir do exemplo de Jesus. Hoje, assim como na Galileia dos anos 30, não faltam escribas, doutores e hierarcas, no entanto, será que ainda existem testemunhas que realmente fizeram o encontro com Jesus, capazes de comunicar a experiência do Deus vivo encarnado em sua pessoa que encontraram? No capítulo sexto, que intitulei "Testemunhas do Deus da vida", trato de responder de maneira simples e concreta as perguntas que precisamos fazer-nos hoje: Quem é que realmente testemunha o mistério de Deus hoje? Como vive essa testemunha? O que ela comunica aos homens e às mulheres de hoje? De que forma o faz? Como ela se situa nesta sociedade tão indiferente a Deus?

Com frequência não temos consciência de que a sociedade moderna tende a gerar um homem vazio de interioridade, cheio de ruído e surdo aos apelos de Deus. Para muitos, esse pode ser o maior obstáculo para escutar a Boa Notícia de Deus. Por isso, no capítulo sétimo, tento abordar a necessidade de "Recuperar a espiritualidade de Jesus". Depois de apontar para algumas características da cultura do ruído e da superficialidade da Modernidade, sublinho a surdez interior de muitas pessoas que não conseguem abrir-se à Boa Notícia de Deus. Em seguida abordo a importância do silêncio como caminho para Deus. Por fim, diante de novas propostas de caminhos espirituais, concluo reafirmando a necessidade de cultivar uma espiritualidade enraizada em Jesus, se não quisermos empobrecer nosso seguimento daquele que é nosso Mestre e Senhor.

No final de cada capítulo sugiro algumas questões ou perguntas para estimular a reflexão pastoral nas comunidades cristãs (em pequenos grupos, nos conselhos pastorais, ou entre os responsáveis e animadores nos diferentes campos de atuação). Temos que continuar abrindo caminhos de renovação na Igreja para que a Boa Notícia de Deus encarnado e revelado em Jesus possa ser ouvida entre nós nestes tempos de grave crise religiosa. Há alguns anos, Juan Martín Velasco reivindicava com força a necessidade de testemunhas e evangelizadores com as seguintes características: "Que se coloquem à nossa frente sujeitos capazes de refletir à luz do Mistério, a treva luminosa, única capaz de iluminar os passos na noite da razão, do domínio e do progresso em que vivemos". De onde surgirão essas testemunhas senão de um clima renovado pela experiência do Deus amigo do ser humano, encarnado e revelado em Jesus?

1
Em meio a uma crise sem precedentes

Em primeiro lugar urge tomar consciência das novas condições a partir das quais a Igreja precisa levar a bom termo hoje sua missão evangelizadora. Condições até recentemente insuspeitadas! Não é possível expor aqui, nem mesmo de forma resumida, as análises sociológicas e os ensaios que estão sendo publicados sobre a sociedade contemporânea ocidental. Limitar-nos-emos a anotar alguns dados básicos que nos parecem necessários para pensar de maneira renovada a missão evangelizadora atual da Igreja.

1 Centralidade da crise

Não é fácil analisar o que está acontecendo. O momento atual é complexo e cheio de tensões e contradições. Nem todos fazem a mesma leitura, mas quase sempre a palavra "crise" aparece.

As filosofias modernas entendem que a crise fez morada no horizonte de compreensão do momento atual. A aparente harmonia de um mundo unificado e coerente está desmoronando. Tudo é questionado. Fala-se de "omnicrise", ou de crise total. "A crise é um fenômeno que se estendeu a todos os domínios da existência humana, a tal ponto que ela veio para designar simplesmente nossa condição de homens modernos"[1].

A crise afeta todos os setores da vida: há crise metafísica, cultural, religiosa, econômica, ecológica. Estão em crise a família, a educação e as instituições sociais de outros tempos. Em boa parte caíram os mitos da razão, da ciência e do progresso: a razão não está nos levando a uma vida mais digna e humana; a ciência não nos diz nem como nem para onde devemos orientar nossa história; o progresso não é sinônimo de felicidade para todos.

Está em crise a transmissão do patrimônio sociocultural às novas gerações. A memória histórica e religiosa vai se perdendo. Emerge uma cultura plural e difusa na qual as grandes tradições culturais, religiosas e políticas vão perdendo a autoridade que tiveram por longos séculos. Questionam-se os sistemas de valores que configuravam no passado o comportamento ético. Cresce a indiferença diante do religioso, do metafísico e do político. Deixou-se de crer nas "antigas razões de viver". Vivemos uma situação inédita: os antigos pontos de referência parecem inadequados e os novos não estão bem desenhados ainda. A atitude mais generalizada diante do futuro é a incerteza – e também uma difusa inquietação. Para captar melhor a profundidade dessa crise vale lembrar algumas características básicas.

Em primeiro lugar, o *descrédito* e a *desconfiança*. Não é tarefa fácil acreditar no pensamento humano. As grandes ideologias do século XX levaram a humanidade às maiores tragédias da história: duas grandes guerras mundiais, o Holocausto (*Shoá*), Nagasaki/Hiroshima, a era staliniana, as guerras do Camboja, da Iugoslávia ou

---

1. SOULETIE, J.L. *La crise, une chance pour la foi*. Paris: de l'Atelier, 2002, p. 45.

de Ruanda, e nesta abertura do século XXI, o terrorismo do Daesh (Estado Islâmico)[2]. Tampouco é fácil acreditar no processo humano quando o cinismo econômico dos países mais avançados mantém na fome e na miséria um terço da humanidade. Em meio à incerteza e à desconfiança somente sobra o ser humano com sua força criadora e igualmente com seu poder destrutivo.

Por outro lado, estamos passando por um processo inédito de *fragmentação*. Não se aceitam mais as grandes narrativas da salvação, as grandes sínteses, os sistemas, as grandes religiões. Já não é mais possível um mundo comum. De agora em diante viveremos no pluralismo. A existência é hoje multiplicidade, diversidade, diferença. A verdade é fragmentada. Não se busca um fundamento metafísico último, já que visto como não necessário. Essa ausência de marcos de referência agrava a existência de cada indivíduo, já que o obriga a aprofundar por própria conta as razões de seu viver e o sentido de sua vida.

A crise gera como fruto espontâneo o *niilismo*, que poderíamos considerá-lo uma atitude de recusa à busca dos "porquês" da existência. F. Nietzsche já anunciou que o niilismo seria a grave enfermidade das sociedades modernas. O processo é fácil de ser detectado: vive-se com a sensação de que os valores, as normas e princípios que em tempos idos regiam a existência já não servem mais. Portanto, uma vez instalados nessa crise, os indivíduos pendem cada vez mais para atitudes impregnadas de niilismo e pragmatismo.

Outra característica que deve ser considerada é o *fatalismo*. Estamos imersos num processo que nos parece impossível de frear ou mudar. Não apenas se desconfia da capacidade de invenção do ser

---

2. GLOVER, J. *Humanidad e inhumanidad* – Una historia moral del siglo XX. Madri: Cátedra, 2001.

humano, mas a própria história parece submetida a forças anônimas que nos superam. A crise da tradição, da educação e da transmissão da cultura indica que já não se acredita mais no passado, entretanto, e por outro lado, não se sabe o que poderia devolver a esperança a esta humanidade desencantada. Resta apenas a frágil liberdade do ser humano. Dela depende o futuro.

Em se tratando de buscar pistas para a evangelização hoje parece necessário pensar, acima de tudo, em como situar-nos diante dessa crise global e profunda. O que deve ser e como deve agir a Igreja de Jesus nessa crise? Como ela deve entender e viver sua missão?

2 A "crise de Deus"

Dentro da crise geral que afeta a sociedade ocidental é fácil detectar o mal-estar da religião e, concretamente, o mal-estar do cristianismo. Do interior da Igreja tendemos a sublinhar os fatos mais próximos que mais nos preocupam: a queda da prática religiosa, a diminuição das vocações sacerdotais e religiosas, o afastamento massivo dos jovens, o envelhecimento das comunidades...

No entanto, sob esses indícios visíveis de crise religiosa está se produzindo algo muito mais radical: J.B. Metz o denomina "crise de Deus" (*Gotteskrise*). O fato foi detectado de muitas maneiras: "Deus está morto" (M. Buber); ficamos "sem notícias de Deus" (M. Fraijó). Continua-se falando dele; mas, para muitos, "Deus" se converteu numa "palavra fossilizada": testemunha da fé de outros tempos, hoje, para muitos, Deus é algo quase destituído de significado real.

Deus deixou de ser o fundamento da ordem social e o princípio integrador da cultura. De uma afirmação social massiva, pública e institucional de Deus passou-se a uma situação de indiferença sempre mais generalizada. A questão sobre Deus mal atrai ou inquieta: ela pura e simplesmente deixa indiferente um número cada vez maior de pessoas. Na consciência do homem moderno a fé em Deus parece diluir-se. Dir-se-ia que Ele está desaparecendo do horizonte das questões e respostas que poderiam dar sentido à existência. Deus não interessa mais. É cada vez menor o número dos que pensam nele como princípio orientador de seu comportamento.

Segundo a análise de não poucos especialistas, estamos entrando numa "era pós-cristã" (Émile Poulat). De fato, é fácil constatar a perda crescente da "memória cristã". É cada vez maior o número dos que ignoram o fato cristão, inclusive como fenômeno histórico e cultural. A transmissão da tradição cristã às novas gerações é cada vez mais difícil[3]. Além disso, segundo alguns observadores, estamos saindo da "ordem das crenças", em que os indivíduos agiam movidos por alguma fé que lhes servia de critério, de sentido e norma de vida, e entrando numa espécie de "ordem das opiniões", onde cada um tem sua própria opinião sem necessidade de fundamentá-la em nenhum sistema nem tradição. Tudo isso num horizonte cético e desencanto cada vez mais generalizado.

Essa "crise de Deus" não parece um ato passageiro. H. Küng o qualifica de "crise epocal", J.B. Metz o considera o "ato nuclear" que está repercutindo decisivamente na configuração do homem moderno. Recentemente, J. Martín Velasco falou de uma "metamorfose do sagrado"[4]. Já se começa a pensar que estamos vivendo numa época em que, para o futuro do cristianismo e para as religiões, pode ha-

---

3. Cf. o breve, mas excelente, estudo: MARTÍN VELASCO, J. *La transmisión de la fe en la sociedad contemporánea*. Santander: Sal Terrae, 2002.
4. MARTÍN VELASCO, J. *Metamorfosis de lo sagrado y futuro del cristianismo*. Santander: Sal Terrae, 1999, esp. p. 23-30.

ver repercussões tão profundas quanto as ocorridas com o chamado "tempo-eixo" (K. Jaspers), no I milênio a.c., quando nasceram as grandes religiões e o pensamento filosófico que vigoraram até os nossos dias (Lao Tsé e Confúcio na China; os Upanixades e Buda na Índia; Zaratustra na Pérsia; os grandes profetas em Israel e o pensamento filosófico dos pré-socráticos, Sócrates e Platão na Grécia). R. Panikkar vai mais longe e chega a afirmar que o "período axial" que estamos vivendo significa que "o período dos últimos seis mil anos está sendo substituído progressivamente por outras formas de consciência" marcadas pela laicidade[5].

A proliferação de novas correntes religiosas ou de espiritualidades fez pensar que "Deus estava voltando". Não é bem assim! As novas tendências religiosas não remetem, em geral, a uma transcendência a que o ser humano deve recorrer, mas fecham o indivíduo em si mesmo (aquisição de uma nova consciência, iluminação, iniciação esotérica, vazio mental...). Aqui a salvação não é uma graça que o ser humano recebe de Deus, mas um processo de autorrealização da própria consciência. Segundo J. Martín Velasco, esses movimentos "operam tamanha transformação da religião que, mais do que respostas à crise religiosa, representam seu auge"[6]. Trata-se de verdadeiras "religiões sem Deus" (J.B. Metz), pois o substituem ocupando seu lugar e confirmando assim a profundidade da "ausência de Deus" na atual crise.

---

5. PANIKKAR, R. *El mundanal ruido.* Barcelona: Martínez Roca, 1999, p. 24. Sobre o período axial e suas repercussões religiosas, cf. uma descrição sugestiva em PANIKKAR, R. *El silencio del Buddha* – Una introducción al ateísmo religioso. Madri: Siruela, 1996, p. 165-185.
6. MARTÍN VELASCO, J. *El fenómeno místico.* Madri: Trotta, 1999, p. 475.
• MARCONES, J.M. *Para comprender las nuevas religiones.* Estella: Verbo Divino, 1994.

A "morte de Deus" não é uma boa notícia para ninguém, pois ela está arrastando a humanidade a um niilismo que muitos consideram "a definição de nossa época"[7]. A razão é clara. Gabriel Amengual a resume de maneira brilhante: "Com a morte de Deus não se indica somente o desaparecimento da ideia de Deus e a metafísica nela fundada, mas também toda tentativa de oferecer coerência e sentido, fundamento e finalidade, metas e ideais ao colapso de todos os princípios e valores supremos"[8].

Não é estranho que a crise de Deus e o consequente niilismo façam emergir hoje perguntas tão vitais quanto perturbadoras: Onde a convivência humana pode encontrar um novo eixo para orientar seu caminhar histórico? Como repensar a transcendência e sua relação com o imanente? Onde encontrar essa síntese ainda não alcançada entre o sagrado e o secular? Em que direção buscar modelos adequados para dizer "Deus"?[9]

3 A crise religiosa entre nós

Era necessário captar a crise religiosa em sua profundidade e gravidade para não agirmos de maneira ingênua na busca de novos caminhos de ação evangelizadora. Do contrário, poderíamos cair numa sensação de vertigem e impotência que não leva a parte alguma. Cabe-nos viver este pedaço da história neste "cantinho do Ocidente". Aqui e agora temos que viver e comunicar a experiência cristã do Deus vivo manifestado em Jesus Cristo. Por isso temos que

---

7. AMENGUAL, G. *Presencia elusiva*. Madri: PPC, 1996, p. 181.
8. Ibid., p. 174.
9. MARION, J.-L. *El ídolo y la distancia* – Cinco estudios. Salamanca: Sígueme, 1999.

situar-nos na crise religiosa no contexto em que nos movemos. Creio que C. Imbert expressa bem o que muitos sentem: "Descobrimos insensivelmente, sem vê-la nem conhecê-la com clareza, uma nova forma de pensar e de agir, uma nova forma de viver em comum que já não é mais marcada pela mesma pegada mental e social do sistema cristão"[10]. As pessoas vão se familiarizando com a cultura da "ausência de Deus": prescindem-se e a vida continua sem que algo de especial aconteça. Os próprios cristãos vão se acostumando com essa nova situação de indiferença. Convivemos sem preocupação alguma com pessoas para as quais Deus não assusta nem atrai, não questiona nem fascina, que tão somente as deixa indiferentes.

Entendemos perfeitamente a descrição que J. Martín Velasco faz da situação espiritual de nossa sociedade impregnada pela cultura pós-moderna[11]. Vivemos imersos numa cultura da "intranscendência" que acorrenta as pessoas ao "aqui" e ao "agora", fazendo-as viver apenas em razão do imediato, quase sem necessidade alguma de abrir-se à transcendência. Respiramos uma cultura do "divertimento" que arrasta o indivíduo para fora de sua essência, fazendo-o viver no esquecimento das grandes questões que o ser humano carrega em seu coração. Alimentamo-nos de uma cultura do "ter" que exacerba o espírito de possessão e que incapacita a pessoa diante daquilo que não signifique desfrute imediato.

Vou sublinhar *algumas tendências* que, provavelmente, todos, de alguma maneira, podemos observar entre nós.

• O que observamos, em primeiro lugar, é que a *situação religiosa* vai se tornando *cada vez mais complexa*. Já não estamos mais naquela

---

10. IMBERT, C. *Par bonheur.* Paris: Grasset, 1994, p. 45-49.
11. MARTÍN VELASCO, J. *Ser cristiano en una cultura posmoderna*. Madri: PPC, 1997, p. 41-65.

sociedade em que praticamente todos eram batizados, a maioria era cristã praticante, e quase todos se submetiam docilmente ao magistério da Igreja. Hoje podemos observar diferentes formas de fé, de indiferença e de descrença. Podemos topar com fiéis piedosos e gente totalmente desinteressada do religioso; com ateus convictos e pessoas céticas de atitude gnóstica; com adeptos de novas religiões ou movimentos e pessoas que desejam crer sem saber o caminho; com setores que acreditam vagamente em "alguma coisa" e indivíduos sincréticos que vivem "uma religião à altura de seus desejos"; com pessoas que não sabem ao certo se têm fé ou não; com gente que crê em Deus sem amá-lo; com pessoas que rezam sem saber muito bem para quem; com gente que acredita em quem fala de Deus...

Embora convivamos na mesma sociedade e nos cruzemos diariamente no trabalho, no entretenimento e nas relações sociais, com frequência quase nada sabemos a respeito daquilo que o outro pensa acerca de Deus, da fé, do sentido último da vida. Todos carregam consigo questões, dúvidas, incertezas e buscas que desconhecemos. Desconhecendo-as, corremos o risco de definir a postura religiosa de alguém a partir de sua exterioridade. É nesse contexto que J.-P. Jossua propõe "considerar cada pessoa por aquilo que ela é"[12].

• Hoje *o religioso* está se reduzindo a um setor *cada vez mais restrito*. A experiência religiosa está se confinando ao interior das Igrejas. O número de praticantes é cada vez menor e, em grande parte, constituído de pessoas mais idosas, sugerindo a imagem de uma "religião terminal", isto é, anacrônica, atrelada ao passado. Não é de hoje que a religião vem perdendo poder e influência no campo político, social, cultural ou artístico. O que se percebe agora, no entanto, é que ela está ocupando um espaço cada vez mais insignificante na

---

12. JOSSUA, J.-P. *La condición del testigo*. Madri: Narcea, 1987, p. 14.

vida cotidiana. Embora marque presença em alguns momentos significativos dos indivíduos (nascimento, morte, bodas...), a vida cotidiana se organiza sem uma referência explícita à religião ou a Deus. Poderíamos dizer que a religião se conserva por inércia, embora não vejamos com clareza o que ela pode aportar à vida cotidiana dos indivíduos.

Essa fé religiosa inoperante vai, por alguns, sendo substituída por uma certa confiança na ciência e no progresso que, não obstante tudo, podem nos levar a um mundo melhor e mais humano. A fé vai então sendo substituída por outras convicções que giram ao redor dos valores da democracia, entendida como um sistema difuso de crenças, princípios e valores (direitos humanos, liberdade, tolerância, segurança cidadã, respeito à Constituição...) que podem contribuir para uma melhor convivência e consolidar assim os vínculos sociais.

Tal atitude cada vez mais frequente de uma fé religiosa inoperante e o deslocamento progressivo para outras convicções mais úteis e operativas nos obriga a fazer algumas perguntas básicas: em que se converte a fé se já não é mais capaz de inspirar o sentido global da vida nem as posições diante do amor, das relações sociais, do comportamento ético, da morte...? O que é essa fé cristã se já não motiva nem mobiliza a pessoa? O sociólogo canadense Raymond Lemieux faz esta observação depois de um longo estudo: "Dado o caráter provisório e muitas vezes efêmero dessas crenças religiosas, não se pode esperar que sejam verdadeiramente mobilizadoras e comprometam os sujeitos em práticas sociais específicas". E continua: "Se nossas hipóteses forem válidas, é provável que no futuro sejam consumidas tanto mais crenças quanto menos mobilizadoras forem"[13]. Não estaríamos, nós também, caminhando nessa direção?

---

13. LEMIEUX, R. & MILOT, M. (orgs.). *Les croyances des québécois* – Esquisses pour une approche empirique. Cahiers de Recherches en Science de la Religion. Quebec: Université de Laval, 1992, p. 80-81.

• Observa-se também que a fé religiosa é *sempre menos definida e mais flutuante*. A adesão a uma religião é cada vez menos firme e sempre mais aberta a possíveis combinações. As pessoas se sentem cada vez menos obrigadas a prestar contas de suas atitudes religiosas. É possível crer sem pertencer institucionalmente a uma Igreja. Cresce o que alguns denominam "liberalização institucional do crer" (D. Hervieu-Léger), isto é, tende-se a viver as próprias crenças à margem da instituição religiosa. Para R. Díaz-Salazar, essa "religiosidade desinstitucionalizada" é precisamente "a tendência mais significativa do panorama sociorreligioso da Espanha do final do século [XX]"[14]. Cada vez menos se aceita a imposição institucional das crenças, das normas éticas ou das práticas cultuais. Por isso assistimos a uma espécie de "dispersão do religioso": cada qual busca suas fontes e referências e elabora sua própria posição religiosa ("bricolagem religiosa", "religião sob encomenda", "religião de supermercado"...).

Algo semelhante está acontecendo com os que vivem sem uma referência a Deus. Sua postura incrédula é cada vez mais flutuante, menos ideologizada, mais diversificada e, em geral, menos combativa diante do religioso. Em resumo: pode-se dizer que é cada vez mais difícil saber quem é crente e quem não é. Por isso mesmo as fronteiras entre ambos vão se diluindo, já que se enfraquecem progressivamente os pontos de referência. Em não poucos crentes existe descrença e ambiguidade; em alguns descrentes existe fé e busca. Ao falarmos de "fronteiras" estamos nos referindo a um "lugar de passagem", de idas e vindas de pessoas que não sabem bem como situar-se diante de Deus ou diante do mistério último da vida.

---

14. DÍAZ-SALAZAR, R. & GINER, S. (orgs.). *Religiosidad y sociedad en España.* Madri: CIS, 1993, p. 94.

• É fácil também observar como cresce a *ignorância religiosa*. As novas gerações ignoram cada vez mais o cristianismo, inclusive como fato histórico. Os meios de comunicação difundem uma cultura indiferente e frívola, em que o religioso aparece muitas vezes vinculado ou inclusive misturado ao esotérico, à astrologia, ao tarô ou ao visionário. Existe, no entanto, um fato mais preocupante: a vida moderna impede a muitos de pensar ou refletir. A hiperinformação deixa muitas pessoas confusas e na névoa, incapacitadas de discernir ou optar. Muitos não sabem situar-se diante das grandes questões da existência, não sabem falar da fé ou da experiência religiosa, desconhecem quase tudo.

Também não é de se admirar, diante desse fato, a falta de racionalidade que se manifesta em posturas de sincretismo fácil, em adesões religiosas acríticas e sem fundamento razoável. Diga-se o mesmo em relação ao crescimento da ingenuidade[15]: fé no horóscopo, no tarô, nas cartomantes...

Nessa mesma linha, convém sublinhar também o crescente fanatismo em alguns setores minoritários. Essa fé de caráter fanático aparece num grau ou noutro em todos os absolutismos, integrismos, fundamentalismos, dogmatismos fechados e rígidos, morais rigoristas e proselitismos. Em boa parte trata-se de uma busca de refúgio e de segurança em meio à crise, e frequentemente significa também, junto ao cortejo de superstições e devoções interesseiras, uma sucessão de seitas dentro das instituições religiosas. No fundo, essa fé fanática é um indício bastante claro da insegurança e da falta de uma fé autêntica.

---

15. BERGER, P.L. *Una gloria lejana* – La búsqueda de la fe en época de credulidad. Barcelona: Herder, 1994.

- Também precisamos sublinhar o *crescimento do paganismo* como forma de vida[16]. O fenômeno é complexo, brota de diferentes raízes e, sem dúvida, requer uma análise profunda, mas para muitos ele representa uma reação contra as religiões pelo excesso de sofrimento gratuito infligido aos fiéis e emerge como um modo de reagir diante da crise moderna. E. Bueno estuda alguns sintomas: o consumismo hedonista, o culto ao corpo, a moral do bem-viver, a sensualização da vida, o desfrute da noite, do fim de semana, das férias... Em seu estudo, nosso autor busca detectar, para além dos sintomas, a efervescência de um paganismo novo como "religião e visão do mundo" que se manifesta como celebração e gozo exacerbados da vida, cultivo narcisista da dimensão dionisíaca, exaltação da carne e até gozo jubiloso do sagrado.

4 Algumas mudanças nos cristãos

É conveniente também sublinhar algumas mudanças que estão se produzindo naqueles que, no meio dessa crise religiosa, se dizem cristãos. Não vamos repetir os dados estatísticos: diminuição da prática dominical, afastamento progressivo da comunidade cristã, crise na transmissão da fé às novas gerações, diminuição das vocações, envelhecimento do clero que, sem dúvida, são indicadores visíveis da crise. Só vamos lembrar algumas tendências negativas.

- Em primeiro lugar, cresce a *ambiguidade da figura do cristão*. Há alguns anos, o perfil de cristão era claramente definido por sua adesão à doutrina cristã, por sua aceitação da moral e por sua prática cultual. Hoje tudo se diluiu. Basta que alguém cultive alguma reli-

---

16. BUENO DE LA FUENTE, E. *España, entre el cristianismo y el paganismo.* Madri: San Pablo, 2002.

giosidade ou continue vinculado a alguma devoção ou sinta alguma atração pela Virgem Maria para continuar se definindo como cristão. Entretanto, não é fácil saber qual é o conteúdo de sua fé: cada qual crê ao seu modo. Muitos vivem cheios de dúvidas e confusão, com perguntas que quase nunca se fazem nem esclarecem devidamente. Outros prescindem tranquilamente de aspectos essenciais da fé cristã (substituem a fé na ressurreição pela fé na reencarnação ou afirmam as duas ao mesmo tempo). Algo foi se transformando no interior da consciência dos cristãos. Muitos dizem que agora acreditam de outra forma. A impressão generalizada é que se crê menos e pior. A fé de muitos vai se debilitando e sendo cada vez mais negligenciada.

• Por outro lado, os católicos não são um todo homogêneo. A *situação* vai se tornando cada vez mais *complexa e diversificada*. Nem todos tiram da fé as mesmas conclusões para suas opções e comportamentos. Nem todos se relacionam da mesma maneira com a instituição, nem se sentem vinculados a ela em igual nível. Junto aos que alimentam e celebram sua fé na comunidade cristã (uma minoria) estão os que só esperam dela um serviço religioso pontual, um marco ritual, eventualmente uma referência ética.

O que me parece muito claro, em geral, é que os que se dizem cristãos não diferem muito em seu estilo de vida daqueles que não se reconhecem como tais. Misturados nas diversas situações da vida familiar, profissional e social, compartilham quase sempre atitudes, posicionamentos, interesses e valores muito semelhantes. Entretanto, o que é a vida cristã se não for uma práxis do seguimento de Jesus Cristo?

• Também está mudando o *modo de crer*. Só sublinharei alguns dados importantes. Diferentemente do que acontecia em tempos idos, a dúvida não é percebida como algo que está em contradição com a fé; pode-se duvidar de muitos aspectos do cristianismo, mas sentir-se cristão. Além disso, são cada vez mais numerosos os que não se sentem obrigados a acreditar em tudo o que ensina o magistério da Igreja nem como o ensina; cada qual se reserva o direito de pensar e de acreditar por própria conta; não se sente a necessidade de um alinhamento puro, simples e sistemático. Muitos vivem em tensão dentro de uma comunhão básica de fé.

• São sempre mais amplos os setores que *percebem a Igreja de maneira negativa*. Só abordarei alguns aspectos. A Igreja é percebida como uma instituição anacrônica, preocupada com sua própria conservação, voltada para seus próprios problemas e ilhada da vida moderna, que evolui de maneira acelerada; ela sempre apresenta uma atitude conservadora e repetitiva, sem a menor busca de criatividade. Um responsável pela Pastoral da Juventude me falava nestes termos: "Como os jovens entrariam numa Igreja que percebem como 'velha', 'imóvel' e sem nenhuma novidade?"

Ela também é considerada uma instituição autoritária, pouco democrática, com métodos de governo de uma rigidez pouco evangélica. Também é vista como uma instituição que condena; que não sabe reanimar a fé vacilante nem suscitar esperança naqueles que buscam a Deus; que não oferece a imagem do Deus da misericórdia revelado em Jesus Cristo; destituída de qualquer atitude dialógica e compreensiva; em termos morais é vista como excessivamente intransigente (divorciados, homossexuais); não defende a dignidade e a igualdade da mulher com o homem; cultiva a suspeita e a desconfiança em relação aos que buscam caminhos novos. Em suma: está aumentando o número dos "decepcionados" com a Igreja.

5 Deslizamento em direção à indiferença

No interior dessa situação complexa é importante tentar ver para onde a crise religiosa está nos levando nestes momentos.

• De maneira geral é possível dizer que para muitas pessoas a discriminação atual pouco a pouco está levando-as ao desinteresse, ao abandono, à decepção, ao silêncio e ao esquecimento de algo que um dia teve algum significado em suas vidas.

• Em geral não é frequente entre nós um ateísmo fundamentado num sistema doutrinal, por exemplo, de corte marxista, freudiano ou positivista. O que essencialmente encontramos são pessoas que se situam fora de uma "comunhão de fé". Já não se sentem mais interessadas pelo cristianismo: algumas claramente se colocam contra o que é cristão; outras afirmam simplesmente que não compartilham mais a fé de seus pais; outras abandonam quase tudo do cristianismo por não terem podido fazer uma síntese convincente entre sua visão atual do homem e sua fé infantil; em não poucos jovens a questão da fé nem aflora: não sabem exatamente do que se trata.

• É cada vez mais frequente entre nós um agnosticismo difuso caracterizado por feições diferentes. Estamos diante de um "agnosticismo religioso" elementar, pouco formulado. Não é que se rechace a proposta religiosa, mas torna-se sempre mais difícil "crer": o homem de hoje observa, duvida, analisa, se interroga, raciocina, propõe hipóteses, constata suas limitações, entretanto, custa-lhe cada vez mais "crer" em algo mais definitivo. Para entender bem este "agnosticismo religioso" precisamos inscrevê-lo num fenômeno mais amplo e profundo. O que hoje está em crise não são somente as religiões, as ideologias ou as grandes narrativas, mas o próprio ato de "crer", isto é, o ato de comprometer-se na aceitação de uma visão global. Ao indivíduo se torna difícil a adesão a uma mensagem que se apresente como resposta abrangente e definitiva.

• Nesse contexto, a crise religiosa vai deslizando em direção a uma "indiferença" cada vez maior. Em geral trata-se de uma indiferença sem hostilidade ao religioso; uma indiferença tranquila, alheia a qualquer abordagem relativa a Deus. Entretanto, essa indiferença deve ser situada dentro de uma indiferença mais ampla e profunda. O que cresce é o desinteresse e o ceticismo em relação às questões mais vitais da existência: Para que viver? Crer em quê? Onde colocar a esperança? As grandes perguntas do ser humano não interessam, a não ser viver bem. Por isso as "grandes narrativas" e as grandes causas não seduzem mais. Vive-se num "mundo de desinteresse", sem causas nem grandes ideais, sem "nostalgia do Absoluto" (G. Steiner). A condição desse sujeito indiferente se parece cada vez mais com o "homem sem atributos" de Robert Musil, um ser niilista que não crê nem propõe nada de importante[17]. Na realidade, a indiferença é uma forma atenuada de niilismo.

Merece uma atenção especial a indiferença da juventude, caracterizada mais ou menos pelas seguintes feições: falta de base religiosa e memória cristã; alergia à Igreja institucional; forte valorização das próprias convicções; recusa de normas rígidas e, quase sempre, instabilidade e relativismo gritantes.

• Entretanto, do que vivem as pessoas quando já não acreditam mais nas "grandes narrativas" e abandonam as "antigas razões de viver"? Em que se acredita quando se deixa de crer? Essa é uma das perguntas de maior interesse para tentar compreender o que denominamos "incrédulo". O mais importante, a partir de uma perspectiva evangelizadora, não é falar sobre a descristianização, sobre a diminuição da prática religiosa ou sobre o afastamento dos jovens,

---

17. MUSIL, R. *El hombre sin atributos*. Barcelona: Seix Barral, 2001. Cf. *Babelia – Suplemento cultural de El País*, 06/10/2002, p. 2-4.

mas questionar a vida das pessoas para que se façam a si mesmas a seguinte pergunta: do que vivemos e em que acreditamos quando já não cremos mais em Deus nem em seus substitutos: "a razão, o progresso, a história"?[18] Os indivíduos vivem hoje de "pequenas narrativas". A pessoa organiza sua vida e lhe dá um sentido à sua medida. Todo indivíduo tem suas certezas, convicções, compromissos, fidelidades e solidariedades: sua decisão de viver de uma determinada maneira. Embora não se coloque explicitamente as grandes questões da existência, no fundo de cada ser humano existe uma fé em alguma coisa, uma esperança que se projeta em direção ao futuro, uma decisão de viver que, em última análise, não procede de nenhuma religião, tampouco da ciência: são mais consequências do dinamismo e do desejo de viver que habitam o próprio sujeito.

6 Perguntas, preocupações e convicções a partir da fé

Antes de continuar quero formular algumas perguntas, preocupações e convicções que foram crescendo dentro de mim ao longo dos últimos anos em meio a essa crise que está sacudindo também nossas comunidades cristãs.

• Nestes momentos em que estão se produzindo mudanças socioculturais sem precedentes, a Igreja, isto é, nós cristãos, também precisamos de uma renovação sem precedentes a fim de enfrentarmos o futuro. Se nós, cristãos, não aprendermos a viver e a anunciar a nossa fé na cultura secular de nossos tempos, o cristianismo brevemente se converterá numa religião do passado. Dessa forma a fé cristã de outros tempos pode diluir-se em formas religiosas cada vez

---

18. GLE, J.M. À propos de "croire" – Incroyances, Foi, Croyances. *Incroyance et Foi* 69, 1999, p. 31-36.

mais decadentes e sectárias, e sempre mais distantes do movimento inspirado e desejado por Jesus.

Após vinte séculos de cristianismo, será que o próprio coração da Igreja não estaria necessitando de uma conversão radical? Nós cristãos precisamos recuperar o quanto antes nossa identidade de discípulos e seguidores de Jesus. Essa conversão radical a Jesus é o mais importante e o primeiro a ser feito nas próximas décadas. Se na Igreja não formos capazes de voltar a Jesus para centrar nossa fé com mais verdade e mais fidelidade em sua pessoa, em sua mensagem e em seu projeto do Reino de Deus, a fé cristã corre o risco de aos poucos desaparecer de nosso meio nos próximos anos.

• O futuro de nossa fé se decidirá em boa parte em nossas paróquias e comunidades cristãs. Embora sendo importante, o decisivo não virá da atuação da hierarquia, que mesmo assim continuará nos próximos anos perdendo seu poder de atração e sua credibilidade. Por outro lado, o Papa Francisco poderá renovar lentamente as instâncias centrais da Igreja, mas a Igreja é muito mais do que o Vaticano. E o papa não pode fazer a nossa parte. Atualmente a fé em nossas paróquias e comunidades está estancada, ou se perdendo, ou começa a renovar-se. Reagir a essa situação é o mais importante.

Essa renovação nas paróquias e comunidades cristãs não chegará por via institucional: não será impulsionada por decretos assinados em Roma nem será fruto de planos pastorais elaborados pela conferência episcopal ou pelas cúrias diocesanas. A renovação que necessitamos chegará por caminhos abertos pelo Espírito de Jesus. No povo cristão de nossas paróquias e comunidades, que vive, reza, sofre e cala, está provavelmente o melhor da Igreja. Esse povo simples, assim como nos tempos de Jesus, não tem problemas para acolher a Boa Notícia de um Deus amigo e salvador; não tem tampouco problemas para viver sua fé trabalhando por um mundo mais justo e feliz para todos. É a partir desse povo que pode ter início a reação.

• Chegou o momento de reagir. Dentro de vinte ou trinta anos, muitas paróquias estarão sendo fechadas. Este século será decisivo. A Igreja obviamente continuará perdendo seu poder de atração. Ainda não será possível apresentar uma Igreja de rosto renovado. Mas devemos começar a reagir em nossas paróquias e em comunidades cristãs sem demora: mobilizar e juntar nossas forças.

Devemos fazê-lo com confiança. Isso que os sociólogos denominam "crise religiosa" é, ao mesmo tempo, o "grande sinal dos tempos", embora não o saibamos ler ainda com espírito profético. Deus está levando a sua Igreja a uma situação nova, inclusive contra a nossa vontade. Deus vai despojando-a de poder, de prestígio e de segurança mundana. Dentro de poucos anos a Igreja será muito menor, mais pobre e menos poderosa. Ela então saberá por experiência o que é ser perdedora, ser marginalizada pela sociedade moderna. Somente a partir dessa pobreza ela poderá aprender a dar passos humildes em direção à sua conversão a Jesus e ao Evangelho.

Nesse contexto, a demissão de Bento XVI e a escolha do Papa Francisco constituem um sinal de esperança. O novo papa apressou-se, em sua exortação *A alegria do Evangelho*, a convidar-nos a dar impulso a "uma nova etapa evangelizadora marcada pela alegria de Jesus" (*EG* 1). Francisco não pensa numa etapa triste, como se fôssemos forçados a recorrer para poder sobreviver. Ele nos diz que devemos dinamizar essa renovação "com generosidade e valentia, sem proibições nem medos" (*EG* 33); sem esquecer que temos que comunicar hoje a mensagem cristã "a partir do coração do Evangelho", concentrando o anúncio "no essencial, que é o mais belo, o maior, o mais atraente e ao mesmo tempo o mais necessário" (*EG* 35).

Reflexão

1) Estamos conscientes em nossas paróquias e em nossas comunidades da gravidade da crise religiosa que hoje sacode a fé dos cristãos? Atrevemo-nos a enfrentá-la com fé e de forma realista em nossos encontros, ou nos protegemos criando um clima irreal, enganoso e artificial?

2) Que efeitos negativos a forte descristianização produziu na vida e no funcionamento de nossas paróquias: celebrações, iniciação na fé, pregação, participação do povo cristão? Percebemos fatos positivos: purificação do essencial, realismo, cuidado com o mais importante, com os afastados, com a maturidade da fé...?

3) Qual é o clima que se respira nestes momentos em relação ao futuro? Passividade, desalento, inércia, pessimismo...? Recuperação da esperança, transmissão da mensagem do Papa Francisco, resposta a seu chamado a uma "nova etapa evangelizadora", início humilde de renovação, pequenas iniciativas? (Grupos de oração, leitura fiel da Palavra, grupos de Jesus...)

2
Acolher o mistério de Deus na noite

Acabamos de ver que os observadores que analisam este começo de século XXI nos países submetidos ao processo de modernização coincidem em constatar um fato: a religião está em profunda crise. Como viver a experiência de Deus em meio a uma noite tão escura? Como convocar os que parecem tão ausentes? Como anunciar e comunicar o Evangelho aos desinteressados? São perguntas que incomodam muitos fiéis.

Entretanto, esta sociedade, como o povo de Israel no deserto, necessita da coluna de uma "nuvem luminosa" que oriente seu caminho (Ex 13,21-22). J. Martín Velasco a solicita de forma vibrante: "Que se coloquem à nossa frente sujeitos capazes de refletir à luz do Mistério, a treva luminosa, única capaz de iluminar os passos na noite da razão, do domínio e do progresso em que vivemos"[19]. De onde surgirão essas testemunhas do Mistério? Ainda é possível acolher a Deus nestes tempos de trevas?

---

19. MARTÍN VELASCO, J. *El fenómeno místico*. Op. cit., p. 487.

1 Sem experiência de Deus não haverá fiéis

Repetidamente se cita hoje um texto de K. Rahner, considerado por ele mesmo como seu possível testamento: "O homem religioso de amanhã será um místico, uma pessoa que tenha experimentado algo, ou não poderá ser religioso, pois a religiosidade do amanhã já não será mais compartilhada com base em uma convicção pública unânime e óbvia"[20]. É cada vez mais evidente: o futuro da fé está ligado ao cultivo da experiência pessoal com Deus e com sua presença inefável. Sem experiência de Deus não haverá fiéis.

Até há pouco tempo bastava que o indivíduo não rompesse com a religião estabelecida na qual nascera para ser considerado "sujeito religioso". A "crise de Deus" está tornando cada vez mais impossível esse estado de coisas. Já não basta uma pertença mais ou menos passiva a uma Igreja nem a suposta adesão a um conjunto de verdades religiosas transmitidas tradicionalmente; não é suficiente a aceitação de algumas normas de conduta nem a prática social de alguns ritos. A atual crise religiosa está tornando inviáveis essas reduções da fé, com as quais estávamos muito familiarizados, e está nos colocando frente a frente com a verdade primeira e radical. Para ser crente, o indivíduo precisa descobrir que "é um ser com um mistério em seu coração maior do que ele mesmo"[21].

Não se trata de psicologizar a fé introduzindo também o "psíquico" na religião, segundo os gostos do homem moderno, e promo-

---

20. KLINGER, E. *Das absolute Geheimnis im Alltag entdecken* – Zur spirituallen Theologie Karl Rahners. Wurzburg: Echter, 1994 [em italiano: *L'assoluto nel quotidiano* – La teologia spirituale di Karl Rahner. Pádua: Messaggero, 1998, p. 75].
21. Von BALTHASAR, H.U. *La oración contemplativa*. Madri: Encuentro, 1985, p. 9-10.

ver "comunidades emocionais" (M. Weber) onde o indivíduo possa defender-se da incerteza epocal e da intempérie religiosa, fechando-se numa fé privada, individualista e sentimental. Experiência de Deus, fundamentalmente, quer dizer: reconhecer a própria finitude e aceitar ser e existir a partir dessa Realidade última que chamamos Deus. Aceitar com confiança o Mistério que fundamenta nosso ser no qual, segundo os Atos dos Apóstolos, "vivemos, nos movemos e existimos" (At 17,28).

Essa confiança não resulta de um raciocínio nem de uma convicção provocada por outros, a partir de fora. O homem de fé capta tal confiança como graça e presente gratuito do próprio Deus. A fé consiste primordialmente nessa confiança radical, antes do indivíduo integrar-se a uma religião ou a uma determinada Igreja. A pessoa "sabe" que não está sozinha e aceita viver a partir dessa luz obscura, mas inconfundível, de Deus. Esse Mistério encerra aquilo que, no fundo, nosso coração mais anseia. O decisivo não é, então, ver, mas ser visto; não é conhecer, mas ser conhecido; não é chamar, mas ser chamado; não é buscar, mas ser encontrado. Essa experiência faz o ser humano entrar, de alguma maneira, no mistério de Deus, situação "que não compreende, mas sente-se profundamente tocado; não elabora mais raciocínios, mas adora; não domina, mas é dominado"[22].

Esse "movimento de transcender-se" que leva a pessoa a deixar de viver para si e para o seu próprio desejo para existir para Deus e a partir de Deus é o núcleo daquilo que chamamos "experiência de Deus". Como o insistiu repetidamente J. Martín Velasco, essa abertura à transcendência nos permite superar a enganosa pretensão da Modernidade de colocar a transcendência (ou a totalidade do real)

---

22. RAHNER, K. *Glaube, der die Erde liebt*. Friburgo: Herder, 1996, p. 153.

à disposição da razão humana. E nos liberta dessa cultura pós-moderna da não transcendência, que afunda o ser humano no niilismo; e tudo isso sem cair nessa falaciosa "transcendência menor" dos movimentos religiosos modernos, que não é acolhida do mistério de Deus, mas abertura ao lado oculto e desconhecido da própria consciência humana[23].

A "crise de Deus" está exigindo uma reação implacável. Não podemos continuar desenvolvendo "a epiderme da fé" (Marcel Légaut), cultivando um cristianismo sem interioridade e experiência mística que oferece a segurança a algumas crenças e práticas religiosas que dispensam a pessoas de se aprofundarem numa relação viva com o mistério inefável de Deus. O prioritário agora não é transmitir uma doutrina, pregar uma moral ou sustentar uma prática religiosa, mas tornar possível a experiência originária dos primeiros discípulos, que acolheram o Filho de Deus vivo encarnado em Jesus como caminho de salvação. Quando não se reproduz a renovação contínua dessa experiência, a pregação passa a repetir a doutrina, a ação pastoral continua organizando o rito religioso, a experiência mística original de onde nasce a fé cristã em Deus desaparece e se dilui.

2 O niilismo, nova abertura ao mistério de Deus

Como se repetiu tantas vezes, o desaparecimento da fé em Deus está arrastando consigo o desaparecimento de tudo aquilo que pode

---

23. MARTÍN VELASCO, J. *La experiencia cristiana de Dios*. Madri: Trotta, 2007. • MARTÍN VELASCO, J. *Ser cristiano en una cultura posmoderna*. Op. cit., p. 70-86 e 101-122. • MARTÍN VELASCO, J. "Espiritualidad cristiana de secularización". In: *Espiritualidad cristiana en tiempos de crisis*. Estella: Verbo Divino, 1995, p. 124-129.

dar fundamento, sentido, coerência e unidade à nossa vida. Temos que reagir. Embora a "morte de Deus" esteja mostrando em toda a sua nudez "a vontade de poder" do homem, ela não estaria também deixando ao relento sua fragilidade radical? Não estaria fracassando também a vontade de se colocar no lugar de Deus? Poderia o homem ser "o fundamento"? Não estaria o niilismo moderno mostrando, com sempre maior descaramento, a inconsistência dos "substitutos de Deus" (razão, progresso, ciência, tecnologia)?

O niilismo, mais do que uma teoria, é hoje, em muitas pessoas, uma experiência que se traduz em sensação de vazio, desorientação e perda de sentido[24]. O niilismo é sinal de uma crise radical, porém, precisamente por isso pode ser uma experiência que recoloca novamente o ser humano na busca de uma verdade mais profunda. Diferentemente do que muitos podem pensar, não estaria abrindo-se um espaço novo que pode permitir uma abertura mais autêntica ao mistério último da realidade?[25]

Diante do desaparecimento das "grandes narrativas", das crenças religiosas, dos grandes sistemas nos quais, talvez, no passado buscávamos refúgio, o ser humano vê-se hoje obrigado a situar-se de maneira nova diante do mistério da existência: a partir de sua "fraqueza radical". O niilismo moderno está convidando a razão a assumir sua própria debilidade, a reconhecer sua finitude e a recuperar sua dimensão de abertura ao Mistério. A razão deve renunciar sua vontade de ser "dominante" e prepotente para fazer-se "acolhedora" do Mistério. Assim fala G. Amengual: "Isto implica uma

---

24. LIPOVETSKY, G. *La era del vacío*. Barcelona, 1986. • LIPOVETSKY, G. *El imperio de lo efímero*. Barcelona, 1982. • LIPOVETSKY, G. *La voluntad de sentido*. Barcelona: Herder, 1988.
25. Para toda essa reflexão, cf. o penetrante estudo AMENGUAL, G. *Presencia elusiva*. Op. cit., esp. p. 189-190 e 248-261.

transformação da razão, que deixa de ser dominadora, ditatorial, para converter-se em acolhedora, leitora (ouvinte), coletora da complexidade da realidade: reconhecedora (e não fundadora) do ser"[26].

Nós fiéis temos que favorecer e cuidar dessa "conversão da razão moderna" e, ao mesmo tempo, perguntarmo-nos que experiência de Deus deve haver nestes tempos de niilismo. Às vezes esquecemos que "a falta de experiência religiosa" também é uma experiência, embora negativa. Uma experiência que – sobretudo quando acompanhada da insensatez, da falta de fundamento e da precariedade de tudo – pode criar um contexto novo para se adquirir a experiência de um Deus realmente transcendente, que não se deixa aprisionar e do qual não se pode dispor, um Deus que se faz presente ocultando-se[27].

Essa experiência de um Deus que se nos oculta não significa experiência de um Deus distante. Ao contrário, se não podemos conhecer a Deus como conhecemos outros objetos nem podemos dispor dele como dispomos de nossas coisas, é porque Deus não é um "ente" a mais diante de nós (nem sequer o Ente supremo), mas a presença que nos faz ser, a luz que nos faz ver, a vida que nos faz viver. Precisamente por ser absolutamente transcendente, essa experiência pode ser vivida como a realidade mais íntima e imanente, "mais interior a mim do que meu íntimo" (Santo Agostinho). Por isso o vazio do niilismo moderno pode ser silêncio aterrador diante da opacidade, mas pode ser, ao mesmo tempo, silêncio de acolhi-

---

26. Ibid., p. 190.
27. MARTÍN VELASCO, J. *La experiencia cristiana de Dios.* Op. cit. (cf. "Experiencia de Dios desde la situación y la consciencia de ausencia", p. 149-184).
• VARONE, F. *El Dios ausente* – Reacciones religiosa, atea y creyente. Santander: Sal Terrae, 1987.

da e abertura "ao abismo de vida infinita que nos envolve"[28]. O Deus transcendente "se retira" da consciência do homem moderno subtraindo-se a qualquer tipo de compreensão ou manipulação, mas isso não significa distanciamento e sim possibilidade de uma presença mais pura e limpa de sua infinitude em nós.

Nessa perspectiva, o niilismo moderno não é uma tragédia para a verdadeira fé em Deus. Ele pode ser ponto de partida de uma abertura mais purificada para o Mistério divino, pois pode desmascarar nossos ídolos e falsas imagens de Deus, e também nossas inconfessáveis manipulações do divino. O niilismo também está nos colocando diante da alternativa de ter que buscar a Deus a partir de nossa "debilidade radical", sem apoios seguros nem razões humanas certas, "sem outra luz e guia senão a que ardia no coração" (São João da Cruz).

Seria um erro desenvolver nestes momentos uma pastoral defensiva, orientada para a "defesa de Deus" com fundamentalismos fanáticos. De nada servem os dogmatismos fechados que impedem a experiência do Inefável ou autoritarismos e estratégias de defesa que pretendem garantir a fé sem aproximar do Mistério. O fundamentalismo "é uma reação patológica diante da experiência de uma quebra de estabilidade do mundo"[29]. O que pode realmente conduzir o homem moderno, sumido nessa quebra, até o mistério de Deus não é a aquisição de uma luz segura que desafie todas as obscuridades, mas o despertar de uma confiança sem limites. Somente a sede de infinito nos indica o rumo. J. Martín Velasco cita as palavras do

---

28. AMENGUAL, G. *Presencia elusiva*. Op. cit., p. 256.
29. MÜLLER-FAHRENHOLZ, G. ¿Qué es el fundamentalismo contemporáneo? Perspectivas psicológicas. *Concilium* 241, 1992, p. 407.

poeta L. Rosales: "De noite iremos, de noite,/sem lua iremos, sem lua,/pois para encontrar a fonte/somente a sede nos alumia"[30].

3 Acolher a Deus na secularidade do cotidiano

A invisibilidade de Deus pode ser vivida como infinita proximidade, e sua ausência como a presença de quem só pode estar conosco e em nós sem deixar-se aprisionar nem mesmo pelas mediações religiosas. Por isso Deus é acolhido no próprio viver, na vida coti-·diana, no meio do mundo. "O templo não é melhor do que a rua; a hora da celebração não é em si mais santa do que o trabalho; fazer a experiência de Deus não se confunde com ter consciência reflexa do que se faz nem sentir satisfação ou gozo interior porque se faz"[31].

Mais do que outros, K. Rahner apresentou a vida cotidiana como lugar da experiência de Deus. É no oculto da vida cotidiana que o ser humano se acolhe ou se rejeita como ser "sustentado por Deus", e se expõe ao seu Mistério inefável ou se fecha em sua própria finitude. Deus vem ao nosso encontro diariamente na opacidade dessa vida, geralmente feita de experiências banais ou rotineiras, de ocupações de deveres monótonos, de alegrias e dissabores, de encontros e experiências múltiplas.

Ninguém pode fugir dessa cotidianidade; ela é nossa cruz e nosso gozo; nós a fazemos e a padecemos; é monótona e rotineira, mas é sustentada por nossas decisões. Nessa vida cotidiana encontramo-nos com o que somos e temos. Somos cotidianidade. Como, nessa cotidianidade, acolher esse Deus que não pode ser alcançado

---

30. MARTÍN VELASCO, J. *El fenómeno místico*. Op. cit., p. 489.
31. Ibid., p. 484.

diretamente nem identificado com nenhuma experiência? K. Rahner responde sem titubeios: aceitamos ou rejeitamos a Deus quando ao longo da vida cotidiana vamos aceitando ou rejeitando o mistério que somos de nós mesmos como "seres remetidos ao mistério da plenitude"[32]. Quem acolhe o seu próprio "ser humano" com respeito, paciência, amor e confiança ilimitada, está acolhendo o Mistério que nos fez e do qual somos constituídos.

K. Rahner fala a partir de sua fé no Filho de Deus encarnado em nossa humanidade: "Quem aceita plenamente o seu *ser homem* – coisa difícil de dizer e não está claro se verdadeiramente o faremos – aceitou o Filho do homem, porque nele Deus assumiu o homem"[33]. Entretanto, não é necessário que a pessoa o saiba nem o formule de forma religiosa e cristã. "Quem – ainda que distantes ainda de toda revelação explícita e verbalmente formulada – aceita sua existência, isto é, sua humanidade – e isso não é tão fácil – com paciência silenciosa, ou, melhor ainda, na fé, esperança e amor, seja quem for [...] esse pronuncia um sim a algo que é imenso, tão imenso como a entrega do homem a Ele, porque Deus o encheu efetivamente com o Imenso, isto é, consigo mesmo, já que o Verbo se fez homem. Essa pessoa, ainda que não o saiba, está dizendo sim a Cristo"[34].

Nestes tempos de crise religiosa não podemos limitar-nos a oferecer "a religiosidade do passado" aos que a estão abandonando ou

---

32. KLINGER, E. *Das absolute Geheimnis im Alltag entdecken.* Op. cit., esp. p. 45-71.
33. RAHNER, K. *Para la teología de la encarnación.* Madri: Taurus, 1961, p. 157 [Escritos de teología, IV].
34. Ibid., p. 156. A crítica de U. von Balthasar ao "cristianismo anônimo" defendido por K. Rahner como uma posição que pode diluir a rigorosidade do ser cristão, desvirtuar a decisão pessoal e impedir o testemunho da fé, não nos deverá impedir de recolher toda a verdade que, sem dúvida, encerra.

já a abandonaram. Para eles o termo "Deus" pouco lhes diz, já que o percebem como uma palavra carregada de experiências negativas e pouco gratificantes, ou lhes parece uma ideia abstrata sem contornos precisos, não os remetendo a nenhuma experiência específica de suas vidas. Se Deus continua irreconhecível quando oferecido apenas com uma linguagem religiosa e uma prática ritual que deixa indiferentes os corações, então é necessário abrir novos caminhos que ajudem os homens e as mulheres de hoje a abrir-se ao seu Mistério a partir de experiências profundas de suas vidas cotidianas. Quando a fé em Deus não brota de uma determinada "religiosidade" é necessário despertá-la a partir da própria vida. Só posteriormente será possível o acesso à religiosidade, agora iluminada por uma luz nova e surpreendente.

Num mundo secularizado como o nosso, a Igreja não pode ficar fechada no "religioso". Ela deve iniciar o ser humano a viver sua vida cotidiana com confiança no Mistério que a sustenta. Mais concretamente: ela precisa ajudá-lo a dizer um "sim" dedicado à vida quando esta se lhe apresenta com suas reticências, frustrações e fracassos; a dizer um "sim" alegre e agradecido quando se lhe oferece como graça e harmonia; um "sim" paciente quando se lhe apresenta como ameaça e perdição[35]. Vivida de maneira confiante e amorosa, a existência cotidiana pode converter-se em "iniciação constante ao mistério" (E. Lévinas).

Tudo isso exige um acompanhamento próximo e amistoso das pessoas, que ajude a descobrir essa Presença misteriosa que o ser humano quase sempre prescinde. Uma Presença que exorta e convida suavemente à confiança. Seu chamado não é mais um entre

---

35. Cf. LALLIER, A. Dieu est intéressant – L'Homme à l'épreuve de Dieu. Paris: Les Éditions de l'Atelier, 1998.

outros. Não se confunde com nossos gostos, aspirações e projetos. É diferente. Vem de algo que nos ultrapassa. Podemos deixar que esse chamado escorregue mais uma vez sobre nós, mas podemos acolhê-lo: dizer um pequeno "sim", ainda que um "sim" débil e indeciso; deixar-nos acompanhar por uma Presença que mal conhecemos; não nos fecharmos na própria solidão; retirar pouco a pouco receios, resistências e obstáculos. Começar a conhecer uma experiência diferente, descobrir que acolher a Deus faz bem, que o Mistério salva. Segundo R. Panikkar, "a tarefa da religião hoje é aproximar-se do secular como uma via verdadeira de realização humana, como um caminho de salvação, para dizê-los à moda antiga"[36].

4 Buscar Deus no Crucificado

No núcleo da fé cristã existe uma afirmação central: "Deus é amor" (1Jo 4,8). Sua realidade mais profunda consiste em amar gratuitamente. Deus é Deus amando os homens "até o fim" (Jo 13,1), buscando seu bem e sua plenitude até o fim. Para os cristãos, o Crucificado é a revelação suprema do mistério insondável de Deus. Nele temos que reconhecer o verdadeiro Deus. Aí se encontra "a força e a sabedoria de Deus" (1Cor 1,24).

Na experiência religiosa do cristianismo nunca esteve ausente o Deus crucificado, embora seu rosto às vezes tenha permanecido ofuscado e até substituído pelo Deus impassível e onipotente da filosofia grega. Com frequência deu-se mais primazia a uma determinada concepção filosófica do que ao Mistério de um Deus que se revela como Amor crucificado pelos homens. Esse esquecimento

---

36. PANIKKAR, R. *El silencio del Buddha*. Op. cit., p. 60.

do Deus da cruz "está ligado ao esquecimento da debilidade, está ligado ao esquecimento do pequeno e do pobre"[37]. Para abrir-se ao Mistério do verdadeiro Deus é necessário olhar o que normalmente não queremos ver: o homem humilhado, desprezado e crucificado.

No imaginário religioso de muitos cristãos continua operando a imagem de um Deus soberano, Senhor onipotente e Rei sempiterno, que lança suas raízes na filosofia grega e culturalmente se consolidou ao longo de dois milênios em nossa sociedade patriarcal e monárquica, fortemente hierarquizada. Hoje esse Deus, Senhor onipotente, não atrai nem apaixona, não assusta nem fascina. Não teria chegado o momento de voltar ao Deus da cruz?

É preciso lembrar que a queda dos grandes mitos ligados ao progresso, à ciência e ao desenvolvimento deixou a razão moderna sem palavras nem consolo diante do crescimento da fome, dos genocídios ou da destruição da natureza. A Modernidade não pode silenciar o grito dolorido dos povos crucificados pela miséria, pelas guerras e pelos ódios. Encontramo-nos assim, nestes tempos, num contexto bem definido: "O grito imenso dos homens e o silêncio perturbador de Deus constituem o único lugar onde ainda podemos buscar a Deus"[38]. Fazer a experiência de Deus no momento atual pode levar-nos a escutar com nova profundidade o grito de Jesus: "Meu Deus, meu Deus, por que me abandonastes?" (Mc 15,34). Aí "se revela Deus de forma definitiva e, por isso, incrivelmente obscura"[39]. Em nenhum lugar ouviu-se tão unissonamente o grito do ser humano e a resposta silenciosa de Deus.

---

37. GESCHE, A. & SCOLAS, P. (orgs.). *Dieu à l'épreuve de notre cri.* Paris: Cerf, 1999, p. 17.
38. Ibid., p. 23, onde P. Scols cita o texto de S. Germain (in: *Les échos du silence.* Paris: Albin Michel, 2006).
39. MARTÍN VELASCO, J. *El fenómeno místico.* Op. cit., p. 490.

Tudo isso comporta uma verdadeira revolução. Precisamos inscrever em nós e transmitir aos outros uma nova imagem de Deus. "Não um Deus de onipotência arbitrária e abstrata que, podendo livrar-nos do mal, não o faz, ou somente o faz às vezes, ou em favor dos privilegiados, mas um Deus solidário conosco pelo sangue de seu Filho; um Deus 'antimal' que, o disse admiravelmente Whitehead, não é o soberano altivo e indiferente, mas 'o grande companheiro', que sofre conosco e nos compreende"[40].

Essa é a experiência de Deus que precisamos cuidar: Deus está presente em nosso mal, o compartilha, está conosco e, assim, não estamos sozinhos na insondável prova da existência. Os teólogos de hoje terão que aprofundar o conceito de "onipotência de Deus" para mostrar que não é uma "onipotência mágica, indigna de Deus e do homem", mas onipotência do amor infinito que entra na realidade de nosso mal para compartilhar com nosso grito e fazê-lo seu. Deus "exerceu sua onipotência" para esvaziar-se de seu poder, para assumir a nossa condição e colocar-se ao serviço do ser humano (cf. Fl 2,6.8). Com Deus compartilhando nossa finitude e debilidade tudo é possível, inclusive ressuscitar da morte[41].

O anúncio de Deus quase sempre foi entendido, apesar de às vezes subliminarmente, segundo a expressão de Santo Anselmo: Deus é *id quod maius cogitari nequit*, ou seja, Deus é sempre maior do que aquilo que podemos esperar, imaginar, pensar ou compreender. Talvez hoje seja melhor acatar a sugestão de Amengual, que propõe

---

40. TORRES QUEIRUGA, A. *Un Dios para hoy*. Santander: Sal Terrae, 1997, p. 14. Cf. tb. seu importante estudo *Recuperar la salvación*. Santander: Sal Terrae, 1995.
41. Cf. GESCHE, A. "Comment Dieu répond à notre cri. Revisiter la toute--puissance". In: GESCHE, A. & SCOLAS, P. (orgs.). *Dieu à l'épreuve de notre cri*. Op. cit., p. 119-136.

inverter tal formulação nestes termos: Deus é *id quod minus cogitari nequit*, já que Ele surpreende por sua ocultação, por sua humilhação impensável, por sua capacidade nunca imaginada de apequenar-se, por seu esvaziamento, por sua *kenosis*, por sua capacidade de compartilhar conosco o mal[42].

A crise de alguns "modelos de Deus" não inviabiliza a fé cristã. Muito pelo contrário: aprisionado pela filosofia grega, o cristianismo ainda não deu o melhor de si, justamente por ter-se sentido impossibilitado de comunicar "adequadamente" a experiência de um Deus-Amor. Uma nova cultura parece estar emergindo, indiferente ao "Deus onipotente", e com ouvidos mais atentos para as testemunhas de um Deus com rosto renovado: um Deus amigo e amante; "extremamente" apaixonado por cada ser e servidor humilde de suas criaturas; vindo a nós "não para ser servido, mas para servir"; com infinita capacidade de compadecer-se, compreender, acolher a todos; um Deus que não cabe em nenhuma religião ou Igreja, já que mora em todo coração humano e acompanha a todos em suas desgraças; um Deus que sofre na carne dos esfomeados e miseráveis da terra; um Deus que ama o corpo e a alma, a felicidade e o sexo; um Deus que está conosco para "procurar e salvar" o que destruímos e jogamos fora; um Deus que desperta nossa responsabilidade e ergue nossa dignidade; um Deus que liberta dos medos e quer a partir de agora a paz e a felicidade para todos; um Deus que, longe de provocar angústia diante da morte, abraça a pessoa que agoniza, resgatando-a para a vida eterna. Enfim, um Deus pelo qual alguém pode se apaixonar, pois, quem amaria um Deus pouco amável?

---

42. AMENGUAL, G. *Presencia elusiva*. Op. cit., p. 253.

5 Tirar da cruz os crucificados

Se Deus é "Amor crucificado" que se esconde em nosso mal para salvar, em nenhum lugar podemos rastrear melhor seus passos do que na dor e no abandono, na opressão e na humilhação, lá onde a vida e a dignidade do ser humano estão em perigo e ameaçadas. Se Deus assume para si o grito do "homem dolente" (V. Frankl), em nenhum lugar podemos escutá-lo melhor do que no grito dos crucificados.

O lugar por excelência do encontro com o mistério de Deus é na aproximação serviçal daquele que sofre. A experiência do amor incomensurável de Deus remete sempre ao amor, ao serviço, à responsabilidade pelo outro. A abertura ao mistério do Deus crucificado nos remete aos crucificados. Esse amor é a experiência que rompe com nossa tendência de nos constituirmos em centro de tudo aquilo que é obstáculo ao verdadeiro encontro com Deus. No amor ao irmão vivemos a experiência do amor a Deus: "A Deus ninguém nunca viu. Se nos amamos uns aos outros, Deus permanece conosco e seu amor em nós é perfeito" (1Jo 4,12).

Precisamente, como o sublinha J. Moingt, "a grande revolução religiosa levada a cabo por Jesus consiste em ter aberto aos homens outra via de acesso a Deus diferente do sagrado, a via profana da relação com o próximo, a relação ética vivida como serviço ao próximo e levada até o sacrifício de si mesmo. Jesus converteu-se em Salvador universal por ter tornado essa via acessível a todo homem"[43]. Essa mensagem substancial do cristianismo é muito bem explicada na revolucionária parábola recolhida por Mateus. São declarados

---

43. MOINGT, J. *El hombre que venía de Dios*. Vol. II. Bilbao: Desclée de Brouwer, 1995, p. 154.

"benditos de meu Pai" os que fizeram o bem aos necessitados: famintos, estrangeiros, despidos, encarcerados, enfermos; estes não agiram assim por "motivos religiosos", mas por compaixão e solidariedade com os que sofrem. Os outros são declarados "malditos", não pela incredulidade ou falta de religião, mas pela ausência de "cordialidade" e de responsabilidade diante do sofrimento do outro (Mt 25,31-46).

Mudam assim de maneira irreversível "os eixos da religião". O caminho que conduz a Deus e leva à salvação não passa necessariamente pelo templo ou pela religião. O indispensável e decisivo é o amor ao pobre necessitado. "O caminho que leva até Deus não é mais o que vai da terra para o céu passando pelo templo, mas o caminho que Jesus assumiu para chegar aos vencidos da história"[44]. Esta é a Boa Notícia que o cristianismo tem que anunciar nestes tempos de crise religiosa: "A questão da salvação não consiste mais em buscar um salvador e reconhecê-lo como tal, mas em preocupar-nos com aqueles que sofrem necessidades e reconhecê-los como pessoas que têm direitos sobre nós"[45].

Na "atmosfera pós-moderna" em que já não se admitem mais princípios, verdades nem certezas absolutas, quando tudo parece fragmento e interpretação, e a voz dos pensadores e dos pregadores é abafada pela indiferença e pelo relativismo total, talvez essa mensagem seja a única portadora de sentido e de transcendência: Deus é essa presença amorosa, oculta no fundo de nossa existência, que nos convida discretamente a cuidarmos uns dos outros.

A mensagem de um Deus-Amor que nos convida a amar-nos uns aos outros não é um discurso teológico que pretenda encerrar

44. Ibid., p. 158.
45. Ibid., p. 156.

o indivíduo num sistema metafísico insuportável ou um relato religioso opressor (o que pode existir de mais débil e libertador do que o amor?), mas um convite a viver a criatividade do amor diante do sofrimento e da injustiça "sendo sinceros na caridade" (Ef 4,15).

A Igreja deve lembrar hoje que seu anúncio cristão "não coincide exatamente com a proclamação de uma religião"[46], já que é uma mensagem de quem "não conhece outra coisa senão a Jesus Cristo, e este crucificado" (1Cor 2,2). É uma mensagem que não pretende impor uma "ideologia religiosa", mas convidar o ser humano a colocar-se diante do Crucificado para decidir-se entre a responsabilidade ou a indiferença, a solicitude para com o sofredor e abandonado, para decidir-se entre a acolhida ou a fuga.

Essa mensagem não é a Palavra de um Deus impassível e onipotente que do alto do universo domina a história dos homens. É o chamado de um Deus-Amor que, a partir de dentro da história, nos acompanha, compartilha nosso sofrimento e nos convida a fazer nossa existência mais humana e ditosa. Entretanto, essa mensagem do Deus crucificado não será ouvida nestes tempos de crise religiosa se só pretende fazer-se ouvir de cima para baixo, de um púlpito ou a partir do interior de um templo. Não poderão comunicá-la aqueles sacerdotes e levitas que cuidam da liturgia e "dão meia-volta" ao passar pelo ferido no caminho. Somente uma Igreja samaritana, próxima dos crucificados, pode pronunciar o nome desse Deus.

No meio do mundo pós-moderno somente uma Igreja configurada pelo princípio-misericórdia (J. Sobrino) pode ser testemunha do mistério de Deus. Uma Igreja que interioriza o sofrimento dos homens e mulheres crucificados, que reage com misericórdia

---

46. TOSOLINI, T. *Dire Dio nel tramonto* – Per una teologia della missione nel Postmoderno. Bolonha: Editrice Missionaria Italiana, 1999, p. 45.

e que se compromete em erradicar ou ao menos aliviar sempre que possível esse sofrimento. Não se trata somente de "fazer obras de misericórdia" ou cultivar sentimentos de compaixão, mas fazer da misericórdia o princípio que configure a teologia cristã, a celebração, o anúncio missionário, inspirando uma práxis orientada para a erradicação das causas do sofrimento injusto no mundo[47].

A "crueldade suprema" em nossos dias são esses povos que os situamos no "Terceiro Mundo", no "Sul", nos "países subdesenvolvidos". Na realidade estes são "povos crucificados" (J. Sobrino) também por nossa exploração e injustiça, e por nossa insensibilidade e falta de amor solidário. Pretender anunciar o Deus crucificado dando as costas a esses povos seria blasfêmia.

Há algum tempo recebi um livro preparado por dois conhecidos periodistas italianos em que se perguntava a teólogos, bispos e pensadores de âmbitos diferentes "o que seria o mais importante para a Igreja do ano 2000"[48]. Pude comprovar em muitos deles uma convergência esperançosa. J.B. Metz afirma que, a partir da "sensibilidade pela dor do outro", própria do monoteísmo bíblico, a Igreja deve "promover a compaixão social e política no mundo". Marciano Vidal pensa que, diante da "tendência de criar sistemas econômicos, políticos, culturais e religiosos de exclusão", a Igreja precisa dizer "um sim à inclusão", ao reconhecimento do outro, ao estrangeiro, ao excluído. J. Sobrino lembra que somente uma "Igreja dos pobres" que tira da cruz os povos crucificados "fará Deus presente no mun-

---

47. SOBRINO, J. *El principio-misericordia* – Bajar de la cruz a los pueblos crucificados. Santander: Sal Terrae, 1992, esp. p. 31-45. • SOBRINO, J. *Resurrección de la verdadera Iglesia* – Los pobres, lugar teológico de la eclesiología. Santander: Sal Terrae, 1984.
48. FILIPPI, A. & STRAZZARI, F. (orgs.). *La cosa più importante per la Chiesa del 2000*. Bolonha: Dehoniane, 1999.

do". Segundo E. Schillebeeckx, a mensagem cristã, que "já não é crível no mundo pós-moderno", só tocará o coração do homem de hoje se tiver diante de seus olhos uma Igreja que se coloca "a serviço da humanidade dolente e ameaçada".

Reflexão

1) Como reagem os cristãos de nossas paróquias e comunidades diante de suas próprias dúvidas de fé, incertezas e vacilações? O afastamento da fé de seus familiares e amigos os afeta negativamente? Qual é o clima que temos que criar entre os cristãos diante da crise religiosa destes tempos?

2) Estamos descobrindo que a crise de fé pode ser ocasião para purificá-la e fazê-la crescer? Estamos aprendendo em nossas paróquias e comunidades a enfrentar a crise de fé de maneira positiva (pregação, diálogo com as pessoas, testemunhos, iniciativas com pessoas mais afetadas pela crise...)?

3) Seria possível acolher a Deus com simplicidade nos acontecimentos e experiências da vida diária e, sobretudo, na ajuda serviçal aos que sofrem? Sabemos escutar as experiências, perguntas e sofrimentos do povo cristão que se reúne em nossas igrejas?

3
Anunciar Deus a partir de um horizonte novo

Neste clima de busca de caminhos novos no meio da noite vou apresentar brevemente algumas atitudes que, a meu ver, temos que cultivar hoje entre nós para anunciar a Deus no meio da crise de nossos dias.

1 Confiança absoluta na ação salvadora de Deus

Deus continua trabalhando também hoje com amor infinito o coração e a consciência dos homens e das mulheres que nestes momentos vão se afastando dele. Ele não está bloqueado por nenhuma crise. Continua buscando caminhos, que somente Ele conhece, para encontrar-se com cada um de seus filhos, e onde quer que estejam. O Espírito do Cristo ressuscitado está vivo e operante em todo ser humano. Ninguém vive sozinho e abandonado, privado da bênção de Jesus Cristo. Ainda que muitas vezes o esqueçamos, sobretudo em nossos planos e projetos, Deus também está atuando na Igreja e fora dela. Deus continua atraindo e conduzindo seus filhos para a salvação.

Isso nos diz que não devemos nos fechar exclusivamente em questões que se referem a nossos planos e projetos: O que devemos fazer nestes momentos de crise? Que estratégias pastorais serão mais adequadas e eficazes? Entretanto, temos que introduzir também em nosso horizonte de preocupações outras perguntas que podem transformar profundamente nossa atitude: Que relação quero instaurar com tantos homens e mulheres que abandonaram a Igreja? Por quais caminhos estamos procurando-os? Como despertar neles o desejo de uma vida mais sadia, justa e digna do ser humano? Como atraí-los para o Reino de Deus?

Trata-se de suscitar em nossas paróquias e comunidades perguntas decisivas que estão pedindo uma resposta humilde e atenta: que chamado Deus está fazendo aos cristãos de hoje para transformar nossa maneira tradicional de pensar, dizer, celebrar e viver a fé, de maneira que propiciemos e facilitemos a ação de Deus na cultura moderna? Será que não estaríamos nos convertendo, com nossa negligência, nossa inércia ou nossa falta de fé e criatividade, em freio e obstáculo cultural para a ação salvífica de Deus em nossos dias?

A primeira atitude a adotar é a do "serviço". É dessa forma que ação de Deus engendra sempre de novo a fé em Jesus Cristo em cada época. Tal atitude, tão sublinhada pelo Concílio Vaticano II, nos afasta de atitudes de reconquista, de defesa nostálgica do passado ou da falsa retração identitária, e nos dispõe a tornar mais possível o anúncio de Deus aos homens e às mulheres de hoje. Vale lembrar que não somos nós que engendramos a fé. Nosso serviço somente serve para preparar as condições adequadas para torná-la mais possível. A fé sempre é fruto da ação de Deus e da acolhida livre das pessoas; fruto do Espírito de Cristo ressuscitado e de seu Evangelho no coração daqueles que o acolhem.

O Reino de Deus é como o "grão que germina e cresce" sem que o lavrador saiba como (cf. Mc 4,26-29). A fé não é produto de nossas conquistas nem resultado de nosso trabalho pastoral. A fé nova que germinará e crescerá, para além da crise atual, no clima e na sensibilidade da cultura moderna, não será somente resultado de nossos esforços. Será fruto novo, inesperado, surpreendente, da liberdade do homem moderno e do trabalho do Espírito Santo em seu coração. Nós apenas colaboramos com nosso serviço de semear o Evangelho, respeitando as novas sensibilidades e maneiras próprias do homem e da mulher de hoje de acolher o Evangelho.

2 Novo começo da fé

Seria um erro fecharmo-nos numa leitura do momento atual em termos puramente negativos de crise, secularização, abandono da fé... Condicionados pelos estudos sociológicos, pelas sondagens e estatísticas, corremos o risco de reagir de maneira automática, afundando-nos no desânimo. Todos esses dados são de grande importância para tomar consciência das profundas mudanças e transformações que estão acontecendo na sociedade e na Igreja, e das que vão acontecer num futuro próximo. Ignorar esses dados seria fechar os olhos para a realidade e enfrentar o futuro de maneira cega, inconsciente e irresponsável.

Entretanto, quase sem nos darmos conta, às vezes os dados sociológicos acabam carregando-se de tamanha autoridade e adquirem um peso tão decisivo em nossas consciências que podem converter-se em fator determinante de nossa ação. Existe, pois, o perigo de reagir automaticamente diante dos dados, e assim deixamos de discernir qual deveria ser a atitude própria dos seguidores de Jesus.

O maior perigo em nossas comunidades cristãs é o de reagir à situação sociológica sem escutar o que o Espírito de Jesus está dizendo hoje aos seus seguidores. Essa situação já está produzindo graves consequências. Sublinho algumas. A energia espiritual que existe no interior de nossas paróquias e comunidades (leigos, religiosos, religiosas, presbíteros) parece continuar amorfa, bloqueada por um clima generalizado de desânimo e desencanto. Em setores importantes da Igreja vão tomando corpo atitudes e ações geradas não pelo Espírito de Cristo ressuscitado, que é sempre "doador de vida", mas pelo mero instinto de sobrevivência e de conservação. Muitos veem a Igreja apenas como vítima, ameaçada por toda sorte de perigos externos: neste momento o mundo moderno seria o seu grande adversário. Nessa situação, grande é a tentação de voltar a um passado saudoso, e buscar na autodefesa a força para a missão confiada por Jesus aos seus seguidores. Em alguns setores chega-se inclusive a transformar a denúncia e a condenação do mundo moderno em verdadeiro "programa pastoral", entendendo-o inclusive como a tarefa mais decisiva e urgente. Quando a isso se junta nostalgia e ressentimento, oriundos da perda de poder social, é fácil alimentar um clima eclesial a partir do qual se torna difícil propor um Deus amigo do ser humano ou comunicar a todos a misericórdia do Deus revelado em Jesus Cristo.

Um fenômeno paradoxal está se produzindo com a atual postura e mensagem do Papa Francisco. Surpreendente é o entusiasmo com que é acolhido pela maioria dos cristãos, e inclusive por muitos que não fazem parte da Igreja. Crentes e não crentes acompanham com interesse as notícias que os meios de comunicação difundem sobre o papa. No entanto, tenho a impressão de que, em não poucas paróquias e comunidades, sua mensagem está chegando de maneira tímida. Seus apelos não conseguem gerar mudanças ou iniciativas importantes. Pude pessoalmente comprovar que o povo cristão desconhece que o papa nos convidou a impulsionar "uma nova etapa evangelizadora marcada pela alegria de Jesus". Dir-se-ia que em alguns lugares o entusiasmo que Francisco desperta não consegue romper a passividade, o desânimo ou o cansaço que nos paralisaram nos últimos anos.

Nunca é tarde para reagir. A crise que estamos vivendo, na verdade, está nos levando a um "novo começo". Estamos vendo a derrocada de um determinado mundo cultural, não o fim do mundo, mas o começo de uma nova cultura. O mesmo se pode dizer da fé. Estamos vendo a derrocada de um determinado tipo de cristianismo, não o fim do cristianismo, mas o nascimento de uma maneira nova de assumir e viver a fé em Jesus Cristo. Realidades que nos pareciam válidas para sempre morrem e cedem espaço a realidades que emergirão da nova cultura. Novas condições, nas quais o Evangelho poderá ser ouvido de novo como notícia boa e nova, estão sendo plasmadas.

É inquestionável que a nova sociedade está se distanciando progressivamente da tradição cristã. E o fato é tão profundo que os sociólogos falam de uma verdadeira "desconstrução" de todo o religioso construído durante séculos na sociedade pós-moderna. A socióloga francesa Danièle Hervieu-Léger falou em "desculturar o cristianismo"[49]. "Desculturar" significa que a sociedade está expulsando de sua cultura as referências cristãs provenientes da Igreja. A fé cristã já não é mais a matriz da cultura contemporânea. Suas pegadas estão desaparecendo cada vez mais nas novas gerações.

---

49. HERVIEU-LÉGER, D. *Catholicisme, la fin d'un monde*. Paris: Bayard, 2003, p. 288.

Entretanto, esse afastamento tão radical da fé herdada faz emergir a possibilidade de uma fé nova, nascida não da "clonagem" do passado, mas da resposta ao Evangelho ouvido como fonte de vida nova.

Entre o caminhar resignado em direção ao desaparecimento da fé na cultura moderna e o apegar-se à identidade cristã tradicional, configurada ao longo dos séculos e conservada como uma "ilhota" no interior da sociedade, outra via é possível. Trata-se da resposta inédita ao Evangelho de Jesus Cristo no interior desta cultura nova que está emergindo: acreditar na força do Cristo ressuscitado para engendrar, hoje também, uma nova fé, embora ignorando o que pode emergir, tampouco como será. O cristianismo é muito mais do que ele ofereceu nos últimos séculos. O Jesus a ser anunciado pode ser uma surpresa para a sociedade que está emergindo. Mas é preciso, a partir do interior dessa Igreja em crise, acreditar na presença viva de Cristo no meio da história e voltar ao Evangelho como "Palavra inaugural" (Maurice Bellet), capaz de engendrar um cristianismo novo, próprio da cultura que está nascendo.

Acolher o Evangelho não significa "voltar" a uma cultura passada para viver a fé a partir de formas, concepções e sensibilidades nascidas, pensadas e configuradas em outra cultura e para outras épocas, diferentes da nossa. Acolher o Evangelho é "ir adiante", aprender a acreditar a partir da sensibilidade, da inteligência e da liberdade dessa nova cultura; fazer com que o Evangelho possa engendrar uma fé nova em contato com as perguntas, os medos, as aspirações, os sofrimentos e as alegrias de nossos tempos[50].

---

50. FOSSION, A. "Quelle annonce d'Évangile pour notre temps? Le défi de l'inculturation du message chrétien". In: BACQ, P. & THEOBALD, C. *Une nouvelle chance pour l'Évangile* – Vers une pastorale d'engendrement. Bruxelas/Paris/Quebec: Lumen Vitae/l'Atelier/Novalis, 2004, p. 73-87.

Não precisamos cair no pessimismo. A Igreja é uma realidade sempre em gênese. É muito mais do que uma instituição constituída de maneira perene e imutável, para todas as épocas e todas as culturas. É o Corpo vivo de Cristo que renasce constantemente de seu Espírito para ser fiel em cada época à sua própria identidade.

3 Acolher o Evangelho antes de anunciá-lo

Nestes tempos em que, provavelmente, dever-se-ia tomar decisões de grande alcance tanto no doutrinal quanto no pastoral, para estar ativamente presentes na sociedade moderna e em seu devir rumo a um futuro desconhecido e incerto, setores importantes da Igreja continuam fechados na promoção da conservação firme e rígida da tradição, com o risco de fazer do cristianismo uma religião do passado, cada vez mais anacrônica e menos significativa para nossas gerações. Não querem ouvir o chamado do Papa Francisco a uma nova etapa evangelizadora marcada pela alegria de Jesus.

Por detrás dessa atitude restauracionista subjaz a ideia de que nós somos os autênticos depositários da fé cristã, e que nossa tarefa é transmiti-la corretamente ao mundo contemporâneo. Ao que parece, pouco importa nossa própria conversão. O que mais importa é converter os outros. Não nos perguntamos como evangelizar a Igreja, mas como encontrar caminhos adequados e eficazes para evangelizar o mundo de hoje.

Existe, no entanto, outra maneira de enfocar as coisas, sem dúvida mais realista e evangélica. Não devemos nos perguntar apenas sobre o tipo de anúncio do Evangelho que devemos transmitir a esta sociedade moderna, mas sobre o tipo de anúncio do Evangelho que nós mesmos precisamos ouvir, nós que nos dizemos seguidores de

Jesus. Não somos apenas "depositários" de um Evangelho para os outros; somos, acima de tudo, "receptores" de um Evangelho que precisamos acolher com atitude de conversão.

Antes de organizar uma boa estratégia evangelizadora temos que nos perguntar se nossa maneira de olhar o mundo, se nossa atitude diante da sociedade, se a comunicação que mantemos com as pessoas afastadas, se a acolhida que oferecemos aos que sofrem... é a atitude de Jesus. Antes de elaborar projetos pensados para converter os outros temos que perguntar se nós, que queremos dinamizá-los, vivemos abertos ao Espírito de Jesus ou continuamos instalados em nossos velhos esquemas e comportamentos, sem escutar os apelos do Evangelho dirigidos também a nós. Uma Igreja que não vive em atitude de conversão não pode convidar à conversão.

Essa conversão não é fácil. A Igreja vive, em boa parte, afundada na atividade, mas necessita de um tempo longo (talvez anos e décadas) de retiro e recolhimento, para ouvir o seu Senhor num clima de humildade e disponibilidade. Não se trata de um compromisso ilhado de alguns cristãos. Seria necessário um clima generalizado de conversão a Jesus Cristo, que na atualidade não existe e que, provavelmente, nunca será promovido pela hierarquia ao nível de toda a Igreja.

Exatamente por isso é necessário promover em nossas comunidades "espaços de conversão". A mutação cultural que estamos vivendo não tem precedentes, e a tarefa de despertar a fé numa nova cultura, depois de tantos séculos de Cristandade, é algo inédito e incerto. Por isso precisamos de um trabalho de conversão também sem precedentes: para acolher o Espírito de Jesus com mais fidelidade do que nunca; para desistirmos de manter só por comodidade comportamentos habituais seculares, mas que estão freando o nascimento de uma fé nova; para não viver aferrados a estruturas, costumes e hábitos que nos podem dar certa segurança na crise atual, mas que não facilitam o nascimento dessa fé nova que a sociedade que está emergindo necessita.

O mais urgente na Igreja hoje é a conversão a Jesus Cristo e ao seu Evangelho. Reconhecer nosso pecado e nossas incoerências, sem distrair-nos com triunfalismos vazios e passageiros. Se verdadeiramente amamos a Igreja, a pergunta que devemos nos fazer é esta: até quando continuaremos iludindo a necessidade de conversão radical que necessita o cristianismo desgastado que vem se corroendo e desmoronando nas últimas décadas? Naturalmente, quando falamos de conversão da Igreja não estamos falando de outros; estamos falando de nossas comunidades e de nós mesmos que formamos a Igreja e que também necessitamos ouvir com mais fidelidade o Evangelho para que nasça uma fé nova.

4 Caminhar com os homens e as mulheres de hoje rumo ao Reino de Deus

O Vaticano II quis impulsionar uma "Igreja ao serviço do mundo". Sem dúvida, essa ideia atingiu com força não poucos setores da Igreja e mudou muito a atitude de alguns dirigentes e fiéis cristãos. Entretanto, com frequência, esse serviço ao mundo é entendido primordialmente como um serviço magisterial que a Igreja exerce com autoridade "a partir de cima". A Igreja é "mãe e mestra" que não necessita de ninguém para saber o que é bom para a sociedade moderna.

Com essa atitude é difícil que a Igreja se coloque ao serviço hoje da sociedade contemporânea para facilitar o nascimento de uma fé nova, nascida *na* e *a partir da* nova cultura. Exige-se internalizar uma atitude muito diferente, seguindo as linhas traçadas pelo Concílio Vaticano II.

Em primeiro lugar, a Igreja não está fora do mundo. É um fragmento da sociedade, uma parte pequena do mundo. Os seguidores de Jesus somos cristãos, entretanto, ao mesmo tempo, somos cidadãos desta sociedade em crise. A Igreja "está presente na terra, formada por homens e mulheres que têm a vocação de formar na própria história do gênero humano a família dos filhos de Deus" (*GS* 4 e 40). A Igreja não pode viver ilhada do mundo moderno para centrar-se em si mesma, em seu futuro, em sua crise, em sua segurança, em seus direitos, em seus privilégios... para, dali, falar à sociedade, vendo nela somente um perigo ou um adversário. Temos que aprender a viver no meio deste mundo moderno. Aprender a "viver em minoria", não de maneira dominante e prepotente, mas em atitude de serviço ao mundo; aprender a ser o pequeno grupo de seguidores de Jesus, não a poderosa instituição que o período da Cristandade conheceu. Somente a partir de uma atitude de serviço humilde poderá ser "simples", "fermento", "sal" e "luz" em meio à crise religiosa.

Em segundo lugar, a Igreja não se identifica com o Reino de Deus. João Paulo II o expressou de maneira breve e clara: "A Igreja não é ela mesma o seu fim, já que está orientada para o Reino de Deus, do qual é germe, sinal e instrumento" (*RM* 18). Esse Reino de Deus vai mais além dos limites de nossa pequena Igreja. Seu crescimento não se reduz ao que acontece dentro de nossas paróquias e comunidades. Deus está trabalhando e dinamizando o Reino dentro da Igreja e também fora dela. Por isso a Igreja tem que trabalhar, e muito, para acolher ela mesma o Reino de Deus e sua justiça em seu próprio seio, em seus objetivos, atitudes e comportamentos. Por isso pedimos: "Venha a nós o vosso reino". Não imaginemos que já estamos vivendo o projeto do Reino de Deus como o queria Jesus, e que a única coisa que agora devemos fazer é esperar que outros se integrem à Igreja. Nossa verdadeira tarefa é colaborar para que o reinado de Deus seja acolhido e cresça dentro e fora da Igreja.

O pastoralista italiano Battista Borsato, do Instituto Pastoral de Pádua, formulou com acerto o chamado a viver a partir de outra perspectiva: "Caminhando com o homem contemporâneo até a realização do Reino"[51]. Cada termo tem a sua importância e indica todo um estilo de viver nestes tempos.

"Caminhando" quer dizer "dando passos", sem se sentar de maneira definitiva e perpétua sobre nada que seja contingente ou passageiro. Não como "mestra" que ensina instalada na posse total e absoluta da verdade, mas como "discípula" que dá passos escutando o que o Espírito de Jesus lhe ensina em cada época histórica.

"Com o homem contemporâneo", compartilhando com as gerações de hoje suas crises, seus medos, suas aspirações, suas buscas, suas incoerências e contradições. Temos que fazer a passagem de uma Igreja grande, segura e imutável para uma Igreja débil, vulnerável, que sofre e que está em crise ela também, e que por isso pode acompanhar a partir de dentro a sociedade moderna. A muitos a Igreja lhes aparece hoje como uma instituição que só se dedica a ensinar, a julgar e a condenar. O homem moderno em crise necessita conhecer uma Igreja que saiba acolher, escutar e acompanhar.

"Até a realização do Reino" – Esse caminhar com os homens e as mulheres de hoje não é um caminhar cego e sem meta. Ele se orienta para o Reino de Deus. Não nos esqueçamos de que nestes momentos, antes de ser instância moral e lugar de culto, a Igreja do

---

51. BORSATO, B. *Le sfide alla pastorale d'oggi*. Bolonha: Dehoniane, 1994.

Ressuscitado tem a "responsabilidade da esperança" (J. Moltmann), pois é chamada a colocar no meio do mundo a esperança última a que está chamado todo ser humano. H.J. Gagey, teólogo do Instituto Católico de Paris, define a missão atual da Igreja com esta acertada expressão: "Abrir o homem ao mistério de sua existência para deixar-se trabalhar por ele". Antes de buscar a adesão a uma proposta doutrinal ou moral, a Igreja é chamada a despertar a consciência moderna das pessoas para a esperança última que anima o mistério da existência humana, pois, como o disse o Concílio Vaticano II, "é enviada por Cristo a manifestar e comunicar o amor de Deus a todos os homens" (*AG* 10).

Por isso, a atuação da Igreja hoje deve ser feita sob o signo do amor salvífico de Deus. Assim o afirma um dos textos mais importantes e mais esquecidos do Concílio: "A Igreja, enquanto ela mesma ajuda o mundo e dele recebe muitas coisas, tende a um só fim: que venha o Reino de Deus e seja instaurada a salvação de toda a humanidade. Todo o bem que o Povo de Deus, no tempo de sua peregrinação terrestre, pode prestar à família humana, deriva do fato de ser a Igreja 'o sacramento universal da salvação', manifestando e ao mesmo tempo operando o mistério de amor de Deus para com o homem" (*GS* 45,1).

5 A partir de uma Igreja sinal de salvação para todos

A Igreja é, certamente, "lugar de salvação", isto é, a comunidade onde se pode fazer a experiência da salvação que Deus oferece em Jesus Cristo. Este é o grande dom da Igreja: poder acolher explicitamente a graça salvadora de Cristo e seu Evangelho, com tudo o que isso significa, isto é, como fonte de sentido, princípio de vida moral e fundamento da esperança última. Entretanto, hoje precisamos aprender a viver numa Igreja que, entre nós, está deixando de ser "lugar de salvação" para muitos, pois incontáveis são os que se afastam dela e muito poucos os que entram. Nossas igrejas estão se esvaziando. Mas nem por isso a Igreja deve deixar de ser "sinal universal de salvação" para todos. Um sinal que aponta para uma salvação que nem ela possui de maneira plena. Um sinal que indica o caminho, que estimula, que inquieta, que interpela... mas, naturalmente, à medida que ela mesma acolhe de maneira responsável e fiel a Jesus Cristo.

A força fundamental de uma Igreja que se quer "sinal de salvação" são as testemunhas que vivem no seguimento de Jesus. Não nos enganemos: a capacidade da Igreja de introduzir e de comunicar a Boa Notícia de Deus em nossa sociedade não reside tanto na hierarquia, no clero ou no número de praticantes, mas na capacidade de vida dos fiéis seguidores de Jesus. Por isso Jesus confia sua missão não aos hierarcas, teólogos, escribas, liturgistas... mas às suas testemunhas: "Recebereis uma força, o Espírito Santo que virá sobre vós; e sereis minhas testemunhas em Jerusalém, em toda a Judeia e Samaria, até os confins da terra" (At 1,8). Numa sociedade plural onde se difundem e se entrecruzam toda espécie de mensagens, as pessoas não têm outra oportunidade melhor de conhecer o Evangelho do que encontrar-se com seus verdadeiros seguidores. Provavelmente poucos são os que chegam a conhecer a Jesus Cristo lendo documentos redigidos pelo magistério ou doutrinas expostas pelos teólogos. A autenticidade da fé é reconhecível nos fiéis que a vivem. A verdade cristã não se impõe porque o magistério da Igreja a prescreve. O Evangelho atrai quando ele se inscreve na vida de pessoas que passam a testemunhá-lo.

Nada existe de mais importante hoje na Igreja do que promover processos de conversão das pessoas que se queiram testemunhas de

Jesus. Homens e mulheres pertencentes à cultura moderna, que sofrem os desafios, as contradições e os sofrimentos do mundo atual, que experimentam na carne a crise do cristianismo tradicional, a debilidade da Igreja e a incerteza do futuro. Mas pessoas que saibam viver nosso tempo a partir do Espírito de Jesus, a partir de seu projeto e de suas atitudes e posturas.

Trata-se de testemunhas de Jesus que não estão em busca de originalidade, tampouco de impressionar, mas que simplesmente vivem a fé em Jesus Cristo de forma convicta e autêntica. Autenticidade que deixa naturalmente transparecer que o Espírito de Jesus motivou e configurou suas vidas, que irradia esse Jesus na forma com que acreditam, vivem e seguem seus ensinamentos na cotidianidade. Não se trata de gente falante, tampouco de pregoeiros, mas de pessoas cujo exemplo de vida ressoa no bojo da sociedade. Pessoas que vivem de "algo" inconfundível, que comunicam o que as fazem viver, que não ensinam doutrinas, mas que convidam a crer.

A vida de uma verdadeira testemunha de Jesus atrai e desperta interesse. Não censura ninguém. Não condena. Contagia, gera confiança em Deus, liberta dos medos. Abre caminhos novos. No meio da sociedade moderna, a pessoa que testemunha Jesus se sente fraca e limitada. Constantemente comprova que sua fé não encontra eco social. Inclusive se vê rodeada com frequência pela indiferença ou pela rejeição. Mas essa testemunha não julga nada. Não vê os outros como adversários que devem ser combatidos ou convencidos. Todos cabem em seu coração: Deus saberá como encontrar-se com cada um de seus filhos.

Não sabemos como será a Igreja dentro de algumas décadas: Quantos templos serão fechados? Quem continuará praticando com regularidade? Onde estarão os jovens? Quem se interessará pelo religioso? Ignoramos tudo, mas a fé em Jesus Cristo somente poderá nascer se no meio da crise atual forem emergindo entre nós autênticos testemunhas de Jesus Cristo.

6 A fé como adesão ao caminho de Jesus

A Igreja não pode mais ser percebida por ninguém como uma instituição que impõe a fé a partir de sua autoridade sagrada e indiscutível, mas como um espaço fraterno de diálogo e de liberdade onde se busca e se convida a viver a vida seguindo o caminho de Jesus. Vou assinalar brevemente três aspectos nos quais devemos urgentemente promover uma mudança radical.

Em primeiro lugar, *propor a fé não como dever, mas como convite a viver*. Sua posição de autoridade levou a Igreja, quase de maneira espontânea, a propor a fé como dever ou obrigação. Ainda hoje muitos praticantes entendem e vivem sua fé como um dever ou uma lei imposta pela Igreja. Por outro lado, quando se escuta atentamente os que se afastaram, percebe-se a antipatia, o desafeto e até a rejeição que muitos deles sentem para com a Igreja, e especialmente para com a hierarquia. No fundo não é difícil constatar em muitos uma ideia simplista e falsa da fé, mas que persiste em suas consciências e poderíamos formulá-la assim: ser católico significa concretamente aceitar uma carga imposta pela Igreja, reduzir a liberdade e sufocar o desejo natural que existe no ser humano de viver plenamente. Existe algo que devemos reconhecer com todo realismo e o quanto antes: o cristianismo atual, tal como é percebido por muitos, não tem nenhuma atratividade.

Por tudo isso, J. Duval, no discurso de encerramento da assembleia dos bispos franceses, que assinou o documento *Propor a fé na sociedade atual* (novembro de 1994), dizia assim: "O Evangelho de

Jesus Cristo é esperado hoje de maneira nova: como uma força para viver, para suscitar opções e compromissos que vão além das fronteiras visíveis da Igreja. O Evangelho é esperado pelos jovens que duvidam de sua liberdade e que têm necessidade [...] de encontrar razões para viver, para amar a vida, para existir de maneira sensata e responsável"[52]. Na sociedade contemporânea, a fé cristã será aceita por aqueles que podem descobrir por experiência própria que o seguimento de Jesus faz viver de maneira mais sadia e feliz, mais coerente e gratificante, mais unificada e mais digna do ser humano. Temos que propor o projeto cristão não como um catálogo de crenças, práticas, obrigações e proibições, mas como a arte de aprender a viver inspirados na vida, na mensagem e no Espírito de Jesus, que, segundo o Evangelho de João, diz: "Eu vim para que todos tenham vida, e a tenham em abundância" (Jo 10,10).

Em segundo lugar, *propor a fé não como um sistema religioso, mas como um caminho*. Os primeiro cristãos não expõem uma religião, mas convidam a trilhar o caminho aberto por Jesus. Chamam a fé cristã de "caminho" (At 18,25-26; 19,9). É um "caminho novo e vivo"; um caminho que precisamos percorrer com os olhos fixos naquele que é o iniciador da fé e que a conduz à realização, Jesus (Hb 12,2; 10,20). Temos que aprender a viver e propor o Evangelho como um "caminho de vida" sob o signo e a inspiração de Cristo. "Caminho" significa busca, obstáculos, provas a superar, decisões a tomar, dúvidas, interrogações... Tudo é parte do caminho. Por outro lado, cada pessoa tem que fazer o seu próprio caminho. Ninguém deve ser forçado nem se deve ter pressa. Somente estímulos mútuos.

---

52. DUVAL, J. "La proposition de la foi dans la société actuelle". In: *Proposer la foi dans la société actuelle* – Lettre aux catholiques de France. Paris: Cerf, 1997, p. 10-11.

No caminho de Jesus existem etapas, e seus seguidores podem estar em momentos ou situações diferentes. A Igreja deveria ser hoje um espaço aberto e pedagógico, de busca, discernimento e acompanhamento mútuo no caminho de Jesus. Mais do que demarcar fronteiras para defender a identidade de nossa fé cristã diante dos que a abandonaram temos que construir pontes para juntos buscarmos o caminho de Jesus. Somente Ele é "o caminho, a verdade e a vida" (Jo 14,6).

Em terceiro lugar, é necessário que nos centremos em propor *o essencial da fé*. Com frequência se confunde o acidental com o essencial, o secundário com o irrenunciável. Ainda não penetrou devidamente em nós o ensinamento do Vaticano II: "Não esqueçam que existe uma ordem ou 'hierarquia' de verdades na doutrina católica, já que o nexo delas com o fundamento da fé cristã é diverso" (*UR* 11). A proposta da fé deve centrar-se no essencial. A indiferença religiosa, a ignorância, a pouca experiência do cristão o estão exigindo. As pessoas não conseguem absorver tudo o que se desenvolveu na reflexão teológica e magisterial durante tantos séculos. Por isso, "a situação presente, ainda que seja um momento de prova, é também uma oportunidade. Somos chamados a ir juntos para o essencial, ao que nos faz viver como fiéis"[53].

Por fim, nessa linha de anunciar a fé como adesão ao caminho de Jesus, permito-me sugerir uma proposta que ao longo dos últimos anos venho gestando e que ultimamente estou concretizando ao dinamizar os assim chamados *grupos de Jesus*. Esses grupos estão nascendo com força em muitos lugares, sobretudo na Espanha e na América Latina; inclusive está em curso os assim chamados *grupos de Jesus on-line*, com participantes do mundo inteiro. Eu mesmo fi-

---

53. DUVAL, J. "La proposition de la foi dans la société actuelle". Op. cit., p. 39.

quei surpreendido ao ver o poder de atração que Jesus tem também em nossos dias.

O objetivo principal nesses grupos de Jesus é viver juntos um processo de conversão individual e grupal a Jesus, aprofundando de maneira simples o essencial do Evangelho. Os participantes fazem juntos um caminho de quatro ou cinco anos para conhecer melhor Jesus, para aprender a viver com seu estilo de vida e para colaborar com Ele abrindo caminhos ao projeto humanizador do Reino de Deus[54].

Estou recebendo continuamente notícias que me enchem de alegria. Pessoas cuja fé estava apagada e quase morta experimentam que Jesus vai despertando nelas algo tão importante como a alegria de viver, a compaixão para com os que sofrem ou a decisão de trabalhar por um mundo mais justo e fraterno.

Seguindo uma pista que o Papa Francisco nos oferece para impulsionar uma nova etapa evangelizadora, essa proposta dos grupos de Jesus não nasce da "obsessão por resultados imediatos", mas sim da vontade de "iniciar um processo" e de "privilegiar ações que gerem dinamismos novos" (*EG* 223-224). Segundo o papa, "este critério é muito próprio da evangelização, que requer ter presente o horizonte, assumir os processos possíveis e o caminho amplo" (*EG* 225).

Dentro de alguns anos terá diminuído muito o número de presbíteros na ativa, e muitas paróquias estarão se extinguindo. Nesse horizonte, a difusão dos grupos de Jesus, impelidos por homens e mulheres, membros leigos do povo cristão, pode ser de grande importância para fazer circular no interior das comunidades cristãs em

---

54. Cf. PAGOLA, J.A. *Grupos de Jesús*. 4. ed. Madri: PPC, 2015.

crise e em meio a uma sociedade secularizada a força renovadora de Jesus e de seu Evangelho.

Dessa maneira, os grupos de Jesus poderão contribuir, junto com outras iniciativas e experiências, para que o Espírito de Jesus possa impulsionar o que o Papa Francisco denomina "um dinamismo evangelizador que age por atração" (*EG* 131).

Reflexão

1) Será que ainda podemos ver entre os cristãos de nossas paróquias e comunidades uma confiança firme em um que não está bloqueado pela crise religiosa? Podemos especificar no povo de Deus sinais e testemunhos simples dessa confiança?

2) Antes de anunciar o Evangelho aos que abandonaram a fé: será que estamos nos preocupando nós mesmos em acolher por primeiro essa Boa Notícia de Deus em nossa paróquia? Como isso pode ser percebido?

3) Como podemos avaliar nestes momentos a quantas anda a fé em nossa paróquia? Está se perdendo pouco a pouco? Existem pequenos sinais de renovação? Quais?

4

Experiência de Deus e evangelização

Para anunciar Deus a partir de um horizonte novo temos que reavivar, em primeiro lugar em nossas comunidades, a experiência de Deus que viveram os primeiros discípulos ao encontrar-se com Jesus. Minha reflexão neste capítulo se articula em três partes. Primeiramente, parece necessário captar essa "nostalgia de Deus" que, de forma mais ou menos consciente, parece habitar o coração do homem moderno. Em seguida buscarei tomar consciência mais clara de que muitas vezes nosso trabalho evangelizador se sustenta numa experiência empobrecida de Deus. Por fim apresentarei o ato evangelizador como uma comunicação da experiência salvífica de Deus em Jesus Cristo. De fato, a evangelização tem seu ponto de partida na experiência que os primeiros discípulos viveram – homens e mulheres – que se encontraram com Jesus. Por isso, o primeiro objetivo de nossa ação evangelizadora é atualizar em nossos dias essa experiência.

1 Uma sociedade necessitada da experiência de Deus

Sociólogos e analistas estudam a partir de diversas perspectivas as características que parecem definir o perfil do homem contemporâneo. Sem dúvida, nem tudo é negativo. O motivo da preocupação é o esvaziamento interior, a banalização da existência e a crise de esperança que se pode constatar, apesar do progresso e das conquistas em muitos campos da vida. Não pretendo analisar os diversos aspectos da sociedade moderna. Apenas destacarei algumas características por detrás das quais não é difícil rastrear a necessidade que não poucos homens e mulheres de hoje têm de Deus.

a) Pragmatismo devastador

O desenvolvimento da ciência moderna e da técnica introduziu um modo de ser e de pensar que só atende à eficácia, à rentabilidade e à produtividade. Cada vez parece interessar menos tudo aquilo que se refere ao sentido último da existência, o destino do ser humano, o mistério do cosmos ou o sagrado. Tudo se torna desqualificado pelo pragmatismo. Só parece interessar o bem-estar, o êxito, a segurança. O homem contemporâneo dá de ombros a qualquer abordagem mais profunda sobre o ser humano, o mundo, ou Deus. Para que ocupar-se com aquilo que não tem respostas claras e, sobretudo, não tem utilidade prática?

Pouco a pouco, o Ocidente se converteu "numa máquina produtiva" que vai arrasando ideais, valores culturais, poéticos e religiosos, demolindo qualquer experiência de re-ligação com o Mistério. O resultado é esse cidadão "bárbaro-civilizado" de que falam R. Argullol e E. Trías[55], que anseia viver cada vez mais, cada vez melhor, cada vez mais intensamente, mas não sabe o que é viver nem para quê.

---

55. ARGULLOL, R. & TRÍAS, E. *El cansancio de Occidente*. Barcelona: Destino, 1992. Esse ensaio, apesar de seu tom crítico e às vezes impiedoso, se inspira num motivo nobre e esperançoso: "Devemos atrever-nos a repensar o próprio rumo seguido pela civilização moderna" (p. 89).

Entretanto, o ser humano é demasiadamente grande para contentar-se com qualquer coisa. Não poucos analistas apontam o número crescente de pessoas que, cansadas de viver uma vida tão "aguada", buscam algo diferente. É difícil viver uma vida que não aponta para nenhuma meta. Tampouco vale a pena viver apenas para desfrutar da vida. A existência se torna insuportável quando reduzida ao pragmatismo e à frivolidade. O ser humano foi feito para cultivar também o espírito, acolher o mistério e experimentar a alegria interior.

b) Racionalismo redutor

Um dos dogmas fundamentais da cultura moderna é a fé no poder absoluto da razão. Imagina-se que com a força da razão o homem será capaz de resolver os problemas da existência. Na raiz dessa postura "racionalista" existe uma convicção que vem crescendo progressivamente: o único que existe é o que o homem pode verificar cientificamente. Fora disso não há nada de real. Se assim for, naturalmente já não existe mais lugar para Deus nem para a experiência religiosa. O mundo se reduz simplesmente a um sistema fechado que o homem pode dominar desenvolvendo a ciência e a tecnologia. A fé em Deus fica profundamente desclassificada, é vista como uma postura ingênua e primitiva. Por outro lado, desconectada de toda relação com o criador e privada de destino transcendente, a vida das pessoas vai se convertendo num episódio irrelevante que deve ser preenchido com bem-estar e experiências agradáveis.

No entanto, há muito tempo que os cientistas mais renomados afirmam que a razão não pode responder a todas as interrogações e anseios do ser humano. E são eles mesmos que falam da necessidade que, junto à ciência, a humanidade continue cultivando a poesia, a ética e a experiência religiosa[56]. Por outro lado, vai-se tomando sempre mais consciência de que a pretensão "racionalista" de que só existe o que o homem pode conhecer cientificamente não se baseia em nenhuma análise científica da realidade. O homem moderno decidiu que não existe nada fora do que ele mesmo pode verificar, mas essa tese não se sustenta em nenhuma verificação científica.

Por isso é cada vez maior o número dos que pensam que chegou o momento de revisar, por um lado, a natureza do conhecimento científico e de explorar, por outro, as verdadeiras raízes da experiência religiosa. Ciência e religião não se excluem. Progresso humano e fé não se combatem mutuamente. Uma interrogação vai abrindo lentamente espaço na consciência moderna: considerar a ciência como única fonte de conhecimento não seria princípio de verdadeiro progresso ou, melhor dizendo, não seria um grande erro que distrai a humanidade das perguntas fundamentais que a condição humana apresenta?

c) Sem núcleo interior

Um dos frutos mais lamentáveis do estilo de vida moderno é a degradação da vida interior. Existe quem a considere algo perfeitamente inútil e supérfluo. São pessoas que somente organizam a vida a partir do exterior. Quase tudo o que fazem tem por objetivo alimentar a própria personalidade mais externa e superficial. Nunca entram em seu interior. Muitos homens e mulheres não sabem o

---

56. DELUMEAU, J. (org.). *Le savant et la foi* – Les scientifiques s'expriment. Paris: Flammarion, 1989. • WILBER, K. *Cuestiones cuánticas* – Escritos místicos de los físicos más famosos del mundo. Barcelona: Kairós, 1987 [com escritos de A. Einstein, W. Heisenberg, M. Planck, W. Pauli etc.]. • RAÑADA, A. *Los científicos y Dios.* Oviedo: Nobel, 1994.

que é estar em contato com o que J. van Ruysbroerck denomina "o profundo" da pessoa.

Não poucos vivem hoje se ignorando a si mesmos, apesar de ocupar-se constantemente consigo. Caminham pela vida sem perceber os outros, embora constantemente estejam em contato com eles. Acreditam comunicar-se, mas não o fazem, já que falam sem que ninguém possa escutar sua voz interior, e só ouvem o que falam de si mesmos. Sem relação viva nem consigo mesmos, nem com os outros, nem com Deus, pouco a pouco caem na banalidade e no empobrecimento da vida interior. Por outro lado, a vida do espírito está tão desprezada que se classifica como evasão o desejo, ou qualquer desejo, de superar essa mediocridade a fim de cultivar o mundo interior.

Essa carência de interioridade impede a muitos de construir a própria vida de forma digna e prazerosa, desenvolvendo as energias e possibilidades que têm dentro de si. Alguns constroem apenas a fachada exterior, mas por dentro estão imensamente vazios: são pessoas que quase não dão nem recebem nada; simplesmente se movem e passeiam pela vida. Outros constroem a própria identidade de maneira falsa: desenvolvem um "eu" forte e poderoso, mas inautêntico; eles mesmos, no fundo, sabem que sua vida é aparência e ficção. Há também quem constrói sua pessoa de maneira parcial e incompleta: atentos a apenas um aspecto da vida, descuidam de dimensões importantes da existência; podem ser bons profissionais, pessoas cultas e bem organizadas, mas que, no entanto, como seres humanos, correm o risco de fracassar[57].

---

57. Cf. LIPOVETSKY, G. *La era del vacío.* Op. cit. • LIPOVETSKY, G. *El imperio de lo efímero.* Op. cit.

Para crescer, o ser humano deve entrar no mistério de si mesmo e no coração de sua vida, ali onde única e exclusivamente é ele mesmo. Por isso as pessoas se sentem desguarnecidas e sem defesa diante dos ataques que sofrem externa e internamente. Talvez estejam necessitando dessa "fonte de luz e de vida" que, segundo o célebre psiquiatra Ronald Laing, o homem contemporâneo perdeu.

O sueco Wilfrid Stinissen considera esse vazio interior uma "neurose fundamental" do homem atual, que tem sua origem na falta de comunicação com Deus. Segundo Stinissen, trata-se de "uma neurose profunda que resulta da perda de contato, por parte do homem, com o nível transcendente de seu ser, e que o precipita num abismo de absurdo e solidão"[58]. Nesse nível, a psicologia não tem nenhum poder. Nenhuma escola psicológica pode curar essa neurose originada pelo fato da pessoa encontrar-se fora de seu ser autêntico. Por isso são cada vez mais numerosos os que começam a suspeitar que, sufocada ou reprimida a vida interior, o homem contemporâneo poderá fazer com que sua existência seja mais agradável em um aspecto ou outro, mas seu problema mais profundo permanecerá sem solução.

d) A submissão à sociedade

A sociedade moderna tem hoje tamanho poder sobre seus membros que acaba submetendo quase todos às suas ordens. Ela absorve as pessoas mediante ocupações, projetos e expectativas, mas não para levá-las a uma vida mais nobre e digna. Em geral, o estilo de vida imposto pela sociedade moderna separa do essencial, impede que as pessoas descubram e cultivem o que elas potencialmente são,

---

58. STINISSEN, W. *Meditación cristiana profunda*. Santander: Sal Terrae, 1982, p. 52.

não deixa que sejam elas mesmas, bloqueia a expansão livre e plena de seu ser.

Os resultados são devastadores. O homem contemporâneo vai se tornando cada vez mais indiferente ao que é "importante" na vida: as grandes questões da existência mal lhe interessam; não tem certezas firmes nem convicções profundas; pouco a pouco vai se convertendo em um ser banal e fraco, carregado de clichês, interessado por muitas coisas, mas incapaz de elaborar uma síntese pessoal daquilo que vive. Trata-se, ao mesmo tempo, de um homem cada vez mais hedonista. Busca apenas organizar-se da maneira mais cômoda possível: aproveitar a vida, desfrutar dela e tirar dela o melhor. A vida só é vida se for prazer. Não há proibição nem terreno negado; bom é o que me apetece e ruim o que me desagrada. Tampouco existem objetivos ou ideias maiores: o importante é viver "numa boa!"

Dessa forma vai nascendo um ser humano "radicalmente irresponsável", perfeitamente adaptado aos padrões da vida imposta de fora, mas incapaz de enfrentar-se com a própria existência a partir de uma profundidade maior. Aparentemente, sempre em incessante atividade, mas na realidade um "homem passivo" que obedece docilmente a um plano de vida que não traçou. Um robô programado e dirigido a partir do exterior. Um indivíduo-massa, produtor, automobilista, espectador televisivo, que sobrevive em meio à sociedade sem saber o que é viver a partir de uma profundidade maior.

Enquanto isso, a vida vai se esvaziando de verdadeiro conteúdo humano. O indivíduo fica sem metas e referências. É cada vez mais fachada e sempre menos consistência interior. Substitui valores por interesses individuais: ao sexo denomina amor; ao prazer, felicidade; à informação televisiva, cultura. Entretanto, esse homem começa a sentir-se vítima de seu próprio vazio. É um ser à deriva, que corre o risco de cair no tédio e inclusive perder o gosto de viver. É um indivíduo *light* sem referências, sem foco, sempre mais perdido diante das grandes interrogações da existência (Enrique Rojas).

e) A crise de esperança

Não pretendo analisar aqui a crise de esperança na sociedade contemporânea, marcada pela desmistificação do progresso, pela perda de horizontes, pelo crescimento da insegurança e pela incerteza diante do futuro[59]. Limitar-me-ei a apontar algumas características da desesperança, da forma como ela me parece apresentar-se hoje na vida de não poucos homens e mulheres.

Às vezes a falta de esperança se manifesta pela perda de confiança. As pessoas já não esperam "grande coisa da vida", da sociedade, dos outros. E, sobretudo, já não confiam mais em si mesmas. Pouco a pouco reduzem suas aspirações, sentem-se mal consigo mesmas, incapazes de reagir. Nesse caso, o mais fácil então é enveredar para a passividade e o ceticismo.

A desesperança, outras vezes, vem acompanhada de uma tristeza interior: a alegria de viver desaparece, o mau humor aumenta, tudo vai perdendo sentido, nada mais vale a pena. A razão de existir parece desaparecer e o deixar-se levar toma conta da vida.

Às vezes a falta de esperança se manifesta simplesmente por um cansaço indefinido: falta de impulso e entusiasmo, uma fadiga generalizada impera. Não a fadiga advinda de um trabalho ou de uma atividade, mas um cansaço vital, um aborrecimento profundo que nasce de dentro e envolve toda a existência do indivíduo. O pro-

---

59. Ocupei-me desse tema em outro livro: PAGOLA, J.A. *Es bueno creer* – Para una teología de la esperanza. Madri: San Pablo, 1996, p. 77-85.

blema de muitos não é "ter problemas", mas não ter força interior para enfrentá-los.

Talvez esta crise de esperança seja a característica mais preocupante e sombria do homem contemporâneo, já que a esperança é algo constitutivo do ser humano. Ninguém vive sem esperança, já que deixaria de ser humano. A esperança é seu alento de vida. "O homem não só tem esperança, mas vive à medida que está aberto à esperança e por ela é movido"[60]. Se esta desaparece, a vida da pessoa se apaga. Viver sem esperança não é viver. É a razão pela qual as perguntas mais preocupantes do homem contemporâneo giram em torno da esperança. Onde está a raiz dessa crise? O que acontece com o homem de hoje? Onde e como a humanidade pode recuperar a esperança? Um filósofo agnóstico tão pouco suspeito de devaneios espirituais como é R. Argullol assim se expressou: "Acredito que sob nossa aparência de fortaleza material e técnica existe uma fraqueza substancial. Vai emagrecendo a silhueta espiritual do homem"[61].

f) Necessidade de salvação

Não é difícil, a meu ver, detectar no fundo dessa situação uma necessidade de salvação. E. Schillebeeckx considerava que a experiência do homem moderno estava girando em torno de dois eixos: por um lado, cresce a experiência e o anseio de um futuro que deveria ser mais humano, mais digno, mais justo e feliz para todos; por

---

60. MOTTU, H. "Esperanza y lucidez". In: LAURET, B. & REFOULÉ, F. (orgs.). *Iniciación a la práctica de la teología*. Vol. IV. Madri: Cristiandad, 1985, p. 301.
61. ARGULLOL, R. El hombre actual es un espectador. *El Ciervo* 510-511, 1993, p. 15.

outro, percebe-se, cada vez mais, um medo difuso com esse futuro, porque a experiência diária nos sobrecarrega com toda espécie de sofrimentos individuais e coletivos, injustiças absurdas, conflitos e contradições. Como a humanidade pode chegar a viver em condições dignas do ser humano?[62]

O homem contemporâneo conhece a possibilidade de eliminar certas alienações da existência humana: a ciência e a técnica modernas lhe permitiram experimentar fragmentos de bem-estar e autolibertação. Entretanto, ao mesmo tempo, o homem de hoje sabe que existem alienações mais profundas, vinculadas à finitude, à solidão existencial, à impossibilidade de um amor total, à necessidade de morrer, à invisibilidade de Deus, ao poder estranho do mal, alienações das quais não pode liberta-se por si mesmo[63].

O homem moderno está conseguindo avanços muito positivos, entretanto, ele também começa a tomar consciência, ainda que confusa, de que está vagando em seus objetivos. Para muitos está cada vez mais claro que o ser humano não pode dar-se a si mesmo a "salvação" que está buscando. Mas onde encontrar essa salvação? Consciente ou inconscientemente, os homens e mulheres de hoje parecem reclamar algo que não é técnica, nem ciência, nem doutrina religiosa, mas experiência viva do que é a Fonte do ser e o Salvador da criatura humana. Mas, quem pode mostrar-lhes o caminho certo e indicar a boa direção? Quem pode ajudá-los a descobrir essa verdade interior que é a que realmente liberta e faz viver?

---

62. SCHILLEBEECKX, E. *Esperienza umana e fede in Gesù Cristo*. Bréscia: Queriniana, p. 36-38.
63. Ibid., p. 52-53.

2 Pobreza espiritual de nossa ação evangelizadora

Somente a partir da radicalidade dessas perguntas podemos entrar na revisão de nosso trabalho evangelizador. Sem dúvida, assim como no tempo de Jesus, não faltam também hoje escribas, doutores e hierarcas, mas será que existem fiéis capazes de aproximar o homem de hoje à experiência salvadora do Deus vivo de Jesus Cristo? Certamente, nosso trabalho pastoral oferece doutrina religiosa, dita orientações morais, organiza celebrações litúrgicas; mas será que comunica essa experiência nova e boa de um Deus salvador, que o homem de hoje tanto necessita?

Não pretendo de modo algum emitir um juízo condenatório do trabalho pastoral que entre nós se promove. Conheço bem os avanços positivos em diferentes campos: revitalização das comunidades cristãs; participação mais ativa e responsável dos leigos; planejamento e organização mais eficaz do trabalho; animação da celebração litúrgica; melhora na qualidade da ação catequética; esforço evangelizador em setores da juventude; desenvolvimento da pastoral da caridade e do serviço aos marginalizados... Por outro lado, não ignoro os problemas e dificuldades com que se deparam hoje os que se comprometem na ação evangelizadora. Todos nós sofremos hoje as limitações de uma Igreja envelhecida, paralisada pela rotina, bloqueada por um cristianismo tradicional, dinamizado por presbíteros e fiéis gastados pela idade.

Meu único propósito é apontar algumas deficiências básicas que impedem hoje uma evangelização capaz de comunicar e contagiar a Boa Notícia de Deus manifesta em Jesus.

a) Ausência de comunicação viva com Jesus o Cristo

Em geral nosso trabalho pastoral está concebido e desenvolvido de tal forma que tende a estruturar a fé dos cristãos não a partir da experiência pessoal da salvação de Deus, mas a partir da aceitação de uma determinada formulação das crenças cristãs, da docilidade a algumas leis e pautas de comportamento moral e de uma celebração ritual da fé. Muitos são os cristãos que não conhecem o desejo de Deus nem a experiência de uma comunicação pessoal com Ele: se movem mais no interior de uma atmosfera difusa de convicções, crenças e ritos.

Concretamente a ação evangelizadora não é orientada, em seu conjunto, para despertar a adesão viva a Jesus Cristo nem para uma vinculação pessoal de discípulo. Jesus não é amado e tampouco venerado de forma que possa recordar a experiência dos primeiros que se encontraram com Ele. Não se conhece nem se compreende sua originalidade fundamental. Construímos uma Igreja onde não poucos cristãos imaginam que, pelo fato de aceitarem algumas doutrinas e cumprirem algumas práticas religiosas, estão crendo em Jesus o Cristo como acreditaram os primeiros discípulos. E não é bem assim!

A ação evangelizadora não chega a criar comunicação mística com o Filho de Deus encarnado em Jesus. Prega-se uma doutrina sobre Cristo e não se desperta, porém, a experiência de encontro vivo com Ele. A presença e a ação do Ressuscitado em cada fiel e no seio da comunidade cristã são mais verdades afirmadas do que realidades vividas no íntimo do coração. Falta em muitos cristãos, inclusive praticantes piedosos, essa adesão viva a Jesus como alguém que se busca conhecer sempre mais e melhor, jamais totalmente descortinável, mas de quem se recebe continuamente o alento para viver e sem o qual cairíamos numa vida sem sentido. Para que nosso trabalho pastoral possa ser comunicação viva da salvação de Deus é necessário, a meu ver, uma mudança de rumo fundamental: na origem de nossa ação evangelizadora sempre deve estar Jesus, o Cristo, não simplesmente como fundador da Igreja ou legislador de uma moral, mas como Espírito que dá vida e caminho que leva ao Pai.

b) Uma pastoral sem interioridade

Essa falta de vinculação mística com Jesus Cristo favorece todo um estilo de trabalho pastoral marcado predominantemente pela atividade, pelo planejamento e organização, com uma clara desvalorização do contemplativo e às vezes uma falta alarmante de "atenção ao interior". Trabalha-se intensamente buscando um certo tipo de eficácia e rendimento pastoral, mas às vezes como se não existisse o mistério. Vejamo-lo de maneira mais concreta.

Hoje parece predominar em nós uma concepção excessivamente doutrinal da evangelização. Para muitos, o decisivo parece ser propagar a doutrina sobre Jesus Cristo. Naturalmente, essa maneira de entender as coisas cria um estilo de ação pastoral. Assim, busca-se acima de tudo meios eficazes e de poder que garantam a propagação da doutrina católica diante de outras ideologias e correntes de opinião; promovem-se estruturas e se organizam ações que permitam uma transmissão eficaz do pensamento cristão. Tudo isso, sem dúvida, é necessário, pois evangelizar implica também anunciar uma mensagem. Entretanto, se esquece o essencial: o Evangelho não é só e simplesmente uma doutrina, mas a pessoa de Jesus Cristo e a experiência de salvação encarnada por Ele. Por isso, para evangelizar é necessário atualizar em nossas comunidades e no coração das pessoas a experiência salvadora, libertadora, iluminadora e cheia de esperança que nasce de Jesus.

Por tudo isso não basta cultivar a adesão doutrinal a Jesus Cristo. O ato catequético, a pregação e a própria teologia, quando se configuram ao estilo de qualquer outra exposição doutrinal, correm o risco de converter-se em palavras, às vezes maravilhosas e brilhantes, que podem satisfazer algumas pessoas, mas não alimentam o espírito nem abrem para a presença salvadora de Deus. E o homem de hoje necessita de alguém que o ajude a descobrir essa presença de Deus latente no fundo de seu coração. A meu ver, a pastoral catequética precisa decisivamente reorientar-se para despertar a experiência do "Deus escondido" de que fala V. Frankl, presente no íntimo de muitos homens e mulheres de hoje, embora a relação deles com Deus tenha sido refreada pelas condições da vida moderna[64].

O mesmo se deve dizer da pastoral litúrgica. Com frequência, as celebrações são adornadas por discursos racionais, pela efusão sentimental ou pela exteriorização ritual, com evidente déficit de experiência interior. Existem esforços legítimos para devolver à liturgia seu lugar central na vida da comunidade cristã, mas muitas vezes falta uma interiorização do Mistério salvador que se celebra e uma personalização do Evangelho que se proclama. Canta-se e reza-se com os lábios, mas com frequência o coração está ausente.

Tudo isso produz uma sensação estranha. Dir-se-ia que, com nossa ação pastoral, estamos desenvolvendo "a epiderme da fé". A tradição herdada do passado de um certo tipo de prática religiosa por um lado, e o clima envolvente de vazio e superficialidade da vida moderna por outro, nos empurram para o cultivo um cristianismo sem interioridade que parece dispensar os cristãos de uma acolhida interior do mistério de Deus para crescer na fé. M. Légaut chega a dizer que "todas essas formas de 'viver religiosamente' estimulam o fervor, porém só simulam a fé"[65]. De fato, não poucos cristãos vivem um "universo religioso imaginário" sem enraizamento pessoal em Deus: buscam instintivamente segurança religiosa nas

---

64. FRANKL, V. *La presencia ignorada de Dios* – Psicoterapia y religión. Barcelona: Herder, 1988, p. 67-79 [trad. bras.: *Presença ignorada de Deus*. Petrópolis: Vozes].
65. LÉGAUT, M. Convertirse en discípulos. *Cuadernos de la Diáspora* 2, 1994, p. 70-71.

crenças e práticas que encontram ao seu alcance, mas sem entrar numa relação viva com o Mistério presente em Jesus.

c) A sustentação da mediocridade espiritual

Tudo o que acabamos de dizer favorece o desenvolvimento e a sustentação da mediocridade espiritual como fenômeno generalizado. Essa mediocridade não se deve somente à fragilidade, ao descuido ou à infidelidade de cada indivíduo, mas também, e, sobretudo, ao clima geral que criamos entre nós no interior das paróquias e comunidades cristãs por uma forma empobrecida de entender e de viver o fato religioso. Muitos cristãos, observantes fiéis e praticantes piedosos, nunca chegam a suspeitar da possibilidade de uma experiência libertadora, prazerosa e salvadora que poderia significar para eles uma comunhão mais vital com o Deus encarnado em Jesus.

Esse clima generalizado de mediocridade espiritual produz como primeira consequência uma espécie de bloqueio da ação evangelizadora. Torna-se assim difícil para as paróquias e comunidades o reavivamento da fé. Somente uma experiência nova do Espírito de Cristo ressuscitado presente nas pessoas poderia fazê-las menos dependentes de um passado pouco evangélico, menos sujeitas às tentações mundanas do presente e mais audazes, abertas e dispostas a uma renovação evangélica.

Enquanto isso, uma parte importante do trabalho pastoral se limita a alimentar e sustentar um cristianismo convencional que se ajusta rotineiramente ao que os amplos setores esperam e demandam da Igreja: respeito a uma tradição religiosa empobrecida; observância de uma prática ritual que tranquiliza, embora não alimente o espírito; insistência absoluta em certas verdades doutrinais, embora não abram os corações para a experiência de Deus. Sem dúvida, no interior de tudo isso se escondem grandes valores cristãos, obscurecidos às vezes através dos séculos, mas é difícil não dar razão a M. Légaut quando afirma que no interior dessa mediocridade "o indivíduo se vê condenado a viver 'religiosamente' de forma atrofiada e gravemente fictícia, por mais calorosa e edificante que lhe pareça. O indivíduo se vê reduzido a nutrir-se com o pasto que lhe dão, intelectual ou sentimental, infantil ou erudito"[66]. Falta a vida que brota e se nutre da experiência, vida do Deus manifestado em Jesus.

Diante dessa mediocridade e falta de vigor espiritual, o indivíduo não pode evitar a sensação de que em tudo isso se esconde uma sutil infidelidade. Uma infidelidade de contornos pouco precisos, difícil de dizer exatamente em que consiste, que nem sempre procede das intenções ou das ações concretas dos que se desgastam no trabalho pastoral, mas que está aí, na raiz de tudo, impedindo o anúncio e a experiência de um Deus bom. Esta não é a experiência salvadora que viveram os primeiros que se encontraram com Jesus e que se sentiram sacudidos pela presença transformadora do Ressuscitado. Aqui falta Jesus Cristo, o Filho de Deus encarnado, acolhido com alegria no fundo dos corações.

d) O risco da deformação pastoral

A falta de uma experiência mística da salvação cristã carrega consigo o risco de desfigurar e de perverter a ação pastoral. A evangelização já não brota mais do coração, como irradiação ou prolongamento daquilo que vive o evangelizador. É fácil que o trabalho pastoral se converta então numa atividade dentre outras. Assim, rapidamente vão aparecendo os sinais que a delatam: o trabalho

---

66. Ibid., p. 57-58.

pastoral se converte facilmente em atividade profissional; a evangelização, em propaganda religiosa ideologizada a partir de uma visão de mundo de esquerda ou de direita; a liturgia, em ritualismo vazio de espírito; a ação caritativa, em serviço social ou filantrópico. Entretanto, tem mais! Não é fácil viver no mundo sem ser do mundo: ser fiel ao Evangelho sem cair prisioneiro daquilo que se pensa, se sente e se vive no meio da sociedade. Uma pastoral espiritualmente fraca facilmente se deixa arrastar pelo "mundo". Quando não nos inspiramos em Jesus acabamos copiando os homens. Quantos esforços de renovação, de *aggiornamento* ou de adaptação nascidos depois do Concílio Vaticano II não terminaram numa pastoral que era mais "deste mundo" do que "de Deus"!

3 Mística e nova etapa evangelizadora

E. Schillebeeckx disse que a mística, embora com seus períodos áureos e suas diferentes formas de manifestar-se, sempre emergiu "como uma resposta a uma crise ou a uma questão surgida num determinado contexto sócio-histórico"[67]. O atual anseio de mística – em parte sigo aqui a reflexão do teólogo holandês supracitado de Nimega – talvez esteja emergindo da necessidade de um contato com um Deus salvador e amigo, não necessariamente consciente e desejado, mas resultante da insatisfação de uma cultura meramente técnica, procedente do vazio do racionalismo moderno e da impotência de autossalvação sentida pelo próprio indivíduo[68]. Assim, a nova evangelização só poderá comunicar a Boa Notícia de um Deus salvador

---

67. SCHILLEBEECKX, E. *Los hombres, relato de Dios*. Salamanca: Sígueme, 1994, p. 115.
68. Ibid., p. 115-117.

e amigo se for capaz de atualizar para os nossos dias a experiência fontal e originária que o cristianismo das origens viveu.

a) Evangelização como atualização da experiência original cristã

Eis o primeiro dado a lembrar: o encontro surpreendente e transformador de alguns homens e mulheres com Jesus o Cristo como ponto de partida que desencadeou o processo de evangelização. Tudo começa quando aqueles judeus se colocam em contato com Jesus e experimentam a proximidade salvadora de Deus. Sem esse encontro, tudo teria continuado como antes. Foi a experiência desse contato com o Filho de Deus encarnado em Jesus que transformou a vida desses homens e mulheres, dando-lhes uma orientação e um sentido novo à própria existência. Eles experimentaram em Jesus a salvação oferecida por um Deus amigo do ser humano e se entusiasmaram com a tarefa de tornar presente juntos aos homens o Reino desse Deus.

Esse encontro tem as características próprias da experiência mística. É uma experiência fontal que transforma inteiramente a existência. É uma espécie de "iluminação" que rompeu com a imagem que as pessoas daquele tempo tinham do mundo, de Deus, da Lei e de si mesmas. Desmoronou para elas o "velho mundo" que conheciam e nasceu algo completamente novo: uma experiência de salvação e de libertação interior inefável, manifestada pela vivência da gratuidade total de Deus. Já não valiam mais as velhas palavras. A experiência exigiu palavras novas para poder expressar, articular e comunicar o que viviam: Deus encarnado em Jesus tornou-se amor insondável, fonte de vida e de salvação para todo ser humano que dele fazia a experiência. Assim começou a evangelização.

Tudo isso significa que o cristianismo não é fundamentalmente uma doutrina que deve ser crida, um livro sagrado que deve ser fielmente interpretado ou uma liturgia regularmente celebrada, mas uma experiência de fé a ser vivida, oferecida e comunicada aos outros como "Boa Notícia de Deus". Por isso "evangelizar" não significa, em primeiro lugar, transmitir uma doutrina, exigir uma ética ou promover uma prática religiosa, mas evocar e comunicar a experiência original do encontro com o Filho do Deus vivo encarnado em Jesus para nossa salvação. O desenvolvimento da doutrina servirá para articular e aprofundar essa experiência no plano da reflexão conceitual. A liturgia alcançará sua verdade plena quando for interiorização pessoal e comunitária do mistério cristão. A moral será expansão da comunicação com Cristo, princípio de uma vida nova e dinamismo na construção de um mundo mais fraterno e justo.

A meu ver, a primeira tarefa de uma nova etapa evangelizadora é precisamente recuperar hoje para os homens e mulheres de nosso tempo a experiência primigênia da salvação cristã. Isso transformaria radicalmente nossa ação pastoral e lhe daria um novo alento evangelizador. Os primeiros discípulos viveram o encontro com Cristo a partir de seus próprios problemas e contradições. De nossa parte devemos atualizar essa experiência em nosso mundo atual, no interior dos conflitos e da desesperança em que se encontra a humanidade. O contexto sociocultural é diferente, mas os problemas radicais do ser humano são os mesmos. Todo aquele que se confronta com sua indigência radical de criatura experimenta, de forma mais ou menos consciente, a necessidade de salvação. No fundo, todo ser humano precisa ouvir a Boa Notícia de um Deus em quem se pode depositar uma confiança total.

Não é este o momento de analisar como deve ser concretamente a ação pastoral para que seja capaz de evocar e atualizar a experiência original cristã, mas mesmo assim quero fazer algumas observações sobre o ato catequético e sobre a pastoral litúrgica.

A ação catequética e a pastoral de iniciação à fé devem ajudar a ouvir a mensagem de Jesus, recolhida fundamentalmente nos relatos evangélicos. Não se deve esquecer, porém, que os relatos evangélicos (e todo o Novo Testamento), antes de terem sido transformados em textos escritos foram uma experiência de fé vivida pelos primeiros fiéis. Houve todo um processo para se passar da experiência vivida até a redação final dos textos. Hoje precisamos fazer um processo inverso: da escuta do texto voltar à experiência de Deus vivida nas origens. Todo ato catequético consiste, em última análise, em fazer com que esse Evangelho escrito ganhe hoje nova vida e que a experiência original cristalizada nessas Escrituras seja conhecida, evocada e atualizada pelos fiéis discípulos de hoje. Nisso deve centrar-se toda a ação catequética inspirada e dinamizada pelo ardor de uma nova evangelização. Uma catequese que se limita a expor corretamente a doutrina cristã, uma exegese que somente se preocupa em interpretar o texto bíblico com precisão, uma pregação que se reduz a expor objetivamente seu conteúdo doutrinal, passam ao lado do mais essencial e decisivo, deixando de oferecer assim o manancial do qual brota a verdadeira renovação da vida cristã.

O mesmo se deve dizer da pastoral litúrgica. Não devemos nos esquecer que a estrutura atual da liturgia cristã (missa dominical, celebração de sete sacramentos, ano litúrgico etc.) é o resultado de todo um processo em cuja origem está a experiência da ceia com o Senhor, a acolhida de seu perdão, a escuta de sua Palavra e, sobretudo, os encontros com o Ressuscitado. Não é de estranhar que a tradição cristã tenha denominado a Eucaristia "mistério pascal" (*paschale mysterium*), pois nela se atualiza o encontro místico com o Senhor ressuscitado. F.-X. Durrwell chega a dizer que "a Eucaristia é uma forma permanente da aparição pascal"[69]. Por isso, é importante conseguir uma maior participação dos fiéis na ação litúrgica (leitores, cantores, servidores do altar etc.); é positivo também promover a comunicação entre a assembleia e o presidente, entre os ouvintes e o leitor ou os fiéis entre si. Entretanto, o essencial é a participação viva no mistério da salvação que se celebra, a experiência viva do amor salvador de Deus que acolhemos em Cristo e por Cristo.

O relato do encontro de Jesus ressuscitado com os discípulos de Emaús (Lc 24,13-35) adquire hoje uma importância significativa e pode ser, a meu ver, um texto básico no momento de desenhar uma teologia da evangelização como atualização da experiência cristã primigênia. A situação dos discípulos é de desesperança e desânimo. Aparentemente eles dispõem de tudo o que poderia levá-los à fé: conhecem a tradição bíblica, não ignoram a mensagem de Jesus, ouviram o anúncio pascal das mulheres... Tudo é inútil. Falta-lhes a experiência pessoal do encontro com o Ressuscitado. São Lucas mostra os dois caminhos indispensáveis para viver essa experiência. Em primeiro lugar, a escuta da Palavra de Jesus como "companheiros de caminhada" ao longo da vida. Assim o experimentaram os discípulos: "Não ardia o nosso coração quando Ele nos falava pelo caminho e nos explicava as Escrituras?" (Lc 24,32). E, além disso, a participação da ceia do Senhor. Nessa ceia se sentem alimentados, se lhes abrem os olhos e o reconhecem (Lc 24,30-31). Não estaria sendo sugerida aqui uma das principais tarefas da evangelização hoje? Em tempos de desesperança e crise de fé, talvez o que primeiro se deva fazer é reavivar a experiência pascal e promover o encontro místico com Cristo vivo que acompanha o ser humano ao longo da

---

69. DURRWELL, F.-X. *La eucaristía, sacramento pascual.* Salamanca: Sígueme, 1982, p. 47.

vida, iluminando-o com suas palavras, que são "espírito e vida" (Jo 6,63), e alimentando-o na ceia eucarística.

b) Dois elementos importantes da experiência cristã

Não é minha intenção analisar aqui a estrutura básica da experiência cristã[70]. Apenas quero chamar a atenção para dois elementos aos quais deve estar muito atenta a nova etapa evangelizadora a que nos chama o Papa Francisco, se quiser comunicar a experiência cristã hoje.

A experiência de um Deus amigo e salvador – Para captar bem a direção que devemos dar à nova etapa evangelizadora precisamos lembrar que no núcleo da mensagem e da atuação de Jesus está o anúncio e a experiência de um Deus amigo e salvador do ser humano. A originalidade de Jesus aparece melhor se a confrontarmos com a atuação do Batista[71].

Toda a mensagem e atuação do Batista se concentram no anúncio do juízo iminente de Deus. "O machado já está posto na raiz das árvores" (Mt 3,10). Ninguém se livrará desse juízo. O que resta é fazer penitência e voltar ao cumprimento da Lei para "fugir da ira iminente" (Mt 3,7). O próprio Batista se converte em símbolo dessa mensagem. Sua vida é penitência no deserto. Sua tarefa é promover o batismo de purificação. O Batista não cura, não abençoa, não perdoa. Introduz na sociedade o temor à ira de Deus. O Batista situa assim toda a existência do ser humano no horizonte de um juízo

---

70. Para um estudo da experiência cristã no Novo Testamento, cf. SCHILLE-BEECKX, E. *Cristo y los cristianos – Gracia y liberación*. Madri: Cristiandad, 1982.
71. Cf. MOLTMANN, J. *El camino de Jesucristo*. Salamanca, 1993, p. 131-139.
• PIKAZA, X. *El Evangelio, vida y pascua de Jesús*. Salamanca: Sígueme, 1990, p. 43-61.

severo. Isso é o mais decisivo. A experiência religiosa é entendida e vivida principalmente como espera e preparação do juízo divino.

A mensagem e atuação de Jesus, ao contrário, não se concentra no juízo de Deus, cuja ira está a ponto de manifestar-se, mas no oferecimento da graça salvadora de Deus para todos, inclusive para pagãos e pecadores. Jesus não esconde o risco de ficar fora da festa final, no entanto, quem chega não é um juiz com seu machado ameaçador, mas um pai próximo que só quer a felicidade do ser humano. Por isso o próprio Jesus se converte em parábola viva desse Deus. Não vive jejuando como o Batista, mas comendo com pecadores. Ninguém o chama de "batizador", mas "amigo dos publicanos e pecadores" (Mt 11,19). Sua vida é proximidade com o sofrimento humano, acolhida ao fraco e ao enfermo, recuperação da vida, oferecimento de perdão. J. Moltmann resume assim o contraste entre Jesus e o Batista: "Jesus proclama a proximidade íntima de Deus, o Pai, que expressa com o nome de *Abbá*; e não a chegada o juízo universal. Demonstra a proximidade do Reino de Deus não com ameaças e com ascese, mas com sinais da graça em pessoas fracassadas e com milagres de recuperação da vida enferma"[72].

Deus não tem sido boa notícia para muitos cristãos que hoje se afastam dele. A religião que conheceram não foi sinal de graça, de libertação, de força salvadora, de alegria de viver. A relação que tiveram com Deus certamente estava impregnada por um medo obscuro do juiz severo e não por uma confiança filial no Pai próximo, amigo do bem e da felicidade do ser humano. Provavelmente só conheceram a religião do Batista. Hoje temos que ter claro que tudo aquilo que impede experimentar a Deus como graça, libertação,

---

72. MOLTMANN, J. *El camino de Jesucristo*. Op. cit., p. 135.

perdão, amor insondável, não nos introduz na Boa Notícia de Deus proclamada por Jesus. A evangelização, inversamente, deve comunicar a experiência de que Deus está sempre a favor do ser humano diante de tudo aquilo que pode oprimi-lo ou causar-lhe o mal; de que Deus só intervém em nossa vida para salvar, libertar, potencializar, elevar nossa existência; de que Deus só busca e exige o que é bom para o ser humano[73].

A mística do Reino de Deus oferecido aos pobres – A experiência de Deus que Jesus comunica não é uma experiência puramente interior e individual. Os discípulos perceberam em Jesus não somente sua relação filial com o Deus *Abbá*, mas também a ressonância que essa experiência de Deus teve na sociedade. Jesus viveu a mística do Reino de Deus. Comunicou-se facilmente com o Pai, porém, ao mesmo tempo, pediu e fez com que esse Pai de bondade e de misericórdia reinasse sobre seus filhos.

Por isso nunca devemos esquecer que a vida de Jesus está configurada por uma dupla experiência. A experiência da filiação: "Tu és o meu filho amado, de ti eu me agrado" (Mc 1,11). E a experiência de sentir-se enviado a comunicar a misericórdia e a libertação de Deus a todos os homens, e em especial aos mais pobres e humilhados: "O Espírito do Senhor está sobre mim, porque Ele me ungiu para anunciar a boa-nova aos pobres, enviou-me para proclamar aos aprisionados a libertação, aos cegos a recuperação da vista, para pôr em liberdade os oprimidos, e para anunciar um ano da graça do Senhor" (Lc 4,18-19).

---

73. SOBRINO, J. ¿Qué es evangelizar? *Misión abierta* 85, 1985, p. 33-43.

Em Jesus é inseparável sua experiência de Deus *Abbá* e sua ação curativa, libertadora, reconciliadora. Como o disse E. Schillebeeckx, "Jesus, fenômeno pessoal inédito em Israel, experimenta a Deus como uma potência que abre futuro, que é contrária ao mal, que só quer o bem, que se opõe a tudo aquilo que é mau e doloroso para o homem [...] e, portanto, quer redimir a história da dor humana"[74]. No momento de evangelizar não devemos dissociar nem ignorar a dupla experiência de Jesus. Se esquecermos o envio aos pobres, o cristianismo fica reduzido à união interior com Deus e deixa de estar ungido pelo Espírito, que impulsiona Jesus a curar e a libertar seus filhos mais necessitados. Se ignorarmos a experiência de Deus *Abbá*, o cristianismo pode ficar reduzido à pura ação sociopolítica, sem abertura à esperança que somente vem de Deus, origem e destino último da criatura humana.

A evangelização deveria ter hoje bem presente o conhecido aforismo de Santo Irineu, que expressa de maneira penetrante o núcleo da experiência mística cristã: *Gloria Dei, vivens homo, vita, autem hominis, visio Dei*[75]. A glória de Deus está na felicidade, na plenitude, na vida libertada de todo ser humano, sobretudo do mais pobre, esquecido e humilhado. Mas a felicidade e a libertação do homem só encontram sua realização plena no desfrute eterno de Deus.

---

74. SCHILLEBEECKX, E. *Jesús, la historia de un viviente.* Madri: Cristiandad, 1981, p. 244.
75. *Adversus haereses* IV, 20,7.

Reflexão

1) Como é a fé dos cristãos que estão à nossa volta? Uma adesão doutrinal? Uma tradição familiar? Um costume? Uma experiência viva de confiança no Deus revelado em Jesus Cristo, que se vive com alegria? Fale sobre sinais positivos e negativos.

2) Em nossas paróquias e comunidades, estamos cuidando da vida interior dos fiéis ou nos preocupamos somente com o bom funcionamento dos serviços? O que mais podemos fazer?

3) Que partes da Eucaristia temos que cuidar melhor para reavivar a presença de Cristo ressuscitado na comunidade? (A homilia, o Pai-nosso, a comunhão, o abraço da paz...)

5
Viver e comunicar a experiência de um Deus amigo

"Já não vos chamo escravos, porque o escravo não sabe o que faz o seu senhor. Eu vos chamo amigos porque vos dei a conhecer tudo o que ouvi de meu Pai" (Jo 15,15). Essas palavras de Jesus, demasiadamente esquecidas, encerram uma das pistas mais iluminadoras para viver e comunicar a Deus como Boa Notícia. Certamente não conseguiremos abrir caminhos que aproximem os homens e as mulheres de hoje ao mistério de Deus se não vivermos e comunicarmos a experiência de um Deus percebido como o melhor amigo do ser humano.

Nossa reflexão, neste capítulo, parte da constatação que os relatos evangélicos sublinham que a ação de Jesus é inteiramente animada e dinamizada pelo amor e pela amizade. Em seguida mostraremos que essa amizade de Jesus simboliza a encarnação do carinho e da amizade de Deus para com todas as suas criaturas. Somente a partir desse esclarecimento fundamental nos será possível descrever a experiência cristã em termos de amizade e entender a oração como um "pacto de amizade" com Deus. Concluiremos o capítulo ouvindo o chamado de Deus a sermos testemunhas de sua bondade, introduzindo amizade neste mundo tão necessitado de amor.

1 A amizade de Jesus

Toda atuação de Jesus é marcada pelo signo da amizade. Tudo é inspirado, guiado e unificado por sua atitude amigável em seus relacionamentos pessoais. Esse é o dado fundamental a partir do qual nossa reflexão começa.

a) O profeta amigo

A amizade é uma modalidade de amor que se caracteriza, sobretudo, pela atenção afetuosa ao amigo, pela busca de comunicação e pela entrega pessoal visando a promover o bem da pessoa amada. Não é difícil encontrar em Jesus as características próprias desse "amor amigo". Sua presença entre as pessoas e sua acolhida a todos são guiadas por seu amor e por sua entrega amigável. Não é o interesse que move sua vida. Ele nunca age por medo, desconfiança ou ressentimento. Sua relação com as pessoas não é obscurecida pelo desejo de domínio ou pela manipulação. O agir de Jesus é amor. Vejamos algumas características[76].

A atenção à pessoa concreta é o primeiro gesto de quem vive oferecendo amizade. Esse olhar confiante e acolhedor para com todo o ser humano é extremamente diferente do olhar da pessoa dominada pela escravidão do egoísmo ou pela indiferença diante dos outros. É com essa acolhida que Jesus trata o jovem desconhecido que o procura buscando uma orientação de vida: "Jesus olhou para ele com amor" (Mc 10,21). Jesus faz o mesmo com a mulher pecadora que chora aos seus pés: "Teus pecados te são perdoados. [...] Tua

---

76. Cf. MASSA, C. *Nel cuore del Figlio* – I sentimenti di Cristo. Roma: Paoline, 1982, p. 52-56.

fé te salvou. Vai em paz" (Lc 7,48.50). E com o discípulo Pedro: "Tu és Simão, filho de João; serás chamado Cefas" (Jo 1,42).

Em Jesus também encontramos o afeto, inclusive emocional, para com as pessoas, que não é sinal de fraqueza, mas revelação de um profundo sentimento de amor e amizade. Assim Ele reage diante de alguns cegos que lhe pedem a cura: "Jesus se comoveu, tocou seus olhos e imediatamente recuperaram a visão e o seguiram" (Mt 20,34). A cena de Betânia é conhecida. Ao aproximar-se de Maria, desconsolada pela morte de seu irmão Lázaro, Jesus, "vendo-a chorar [...] se comoveu profundamente e pôs-se a chorar. Os judeus comentavam: 'Vede como Ele o amava'" (Jo 11,33-35). O mesmo afeto emocionado Jesus manifesta diante da cidade de Jerusalém: "Ao ver mais de perto a cidade de Jerusalém, Jesus chorou sobre ela, dizendo: 'Se neste dia também tu conhecesses o que pode trazer a paz. Mas não tens olhos para vê-lo'" (Lc 19,41). Basta um encontro, uma situação dolorosa, um sofrimento, para que brote seu afeto cheio de ternura. Assim os evangelistas recolheram a memória de Jesus.

Amizade também significa benevolência, isto é, um afeto que quer o bem das pessoas e o busca. É esse sentimento que impulsiona Jesus. "Ao desembarcar viu uma grande multidão e comoveu-se, porque eram como ovelhas sem pastor; e pôs-se a ensinar-lhes muitas coisas" (Mc 6,33). Essa amizade se manifesta de forma mais comovente com as pessoas pelas quais Jesus sente especial predileção. É o caso dessa família de Betânia que o acolhe sempre que chega a Jerusalém: o evangelista sublinha que "Jesus amava Marta, sua irmã e Lázaro" (Jo 11,5). Mas também o discípulo que o renegou: "Voltando-se, o Senhor olhou para Pedro, e este se lembrou das palavras que Jesus lhe havia dito" (Lc 22,61).

A amizade se converte em compaixão quando as pessoas queridas sofrem ou estão mal. Quem é amigo se aproxima do sofrimento do outro, se identifica com sua dor e seus problemas, sofre, o acompanha, o ajuda. Assim é a reação de Jesus: "Sentiu compaixão por essa gente, porque há três dias estão comigo e não têm o que comer" (Mt 15,32). Em certa ocasião "aproximou-se um leproso e lhe suplicou de joelhos: 'Se quiseres, podes limpar-me'. Comovido, Jesus estendeu a mão, o tocou e disse: 'Eu quero, fica limpo'" (Mc 1,40-41). Em Naim, ao ver uma viúva chorando pela morte do filho único, eis sua reação: "Ao vê-la, o Senhor se comoveu e lhe disse: 'Não chores'" (Lc 7,13).

Amizade significa também entrega, doação ao outro. O amigo sabe dar gratuitamente, doar seu tempo, sua companhia, suas forças, sua vida inteira. Os evangelistas descrevem Jesus interessando-se vivamente pelos outros, entregando o melhor de si a todos. Não busca seu sucesso, tampouco prestígio ou bem-estar. O amor é que anima sua vida inteira: "O Filho do homem não veio para ser servido, mas para servir e dar sua vida em resgate de muitos" (Mc 10,45).

Jesus oferece sua amizade a todos, inclusive aos que vivem excluídos da convivência social e da comunhão religiosa da Aliança: publicanos corruptos, prostitutas e pessoas indesejáveis. Jesus se aproxima, os acolhe, senta-se à mesa com eles. Os fariseus o chamam de "amigo de publicanos e pecadores" (Mt 11,19; Lc 7,34). Jesus não o desmente, pois realmente se sente amigo dessa gente.

b) Amigo de seus discípulos

Os evangelistas destacam de maneira especial a amizade profunda e enternecedora que Jesus vive e cultiva com seus discípulos. Jesus os reúne não em uma escola organizada segundo o estilo e o espírito dos mestres da Lei, mas numa "comunidade de afeto"[77].

---

77. Cf. ÁLVAREZ, T. "Amistad". In: *Diccionario de espiritualidad*. Vol. 1. Barcelona: Herder, 1983, p. 105-107.

Os discípulos não são servos do Mestre, mas amigos. Assim os chama Jesus: "A vós, meus amigos, eu vos digo" (Lc 12,4).

Essa amizade nasce como fruto de uma eleição de Jesus. Não são os discípulos que se decidem por Jesus entre outros possíveis mestres para entrar em sua escola. É Jesus quem os elege e os convida a viver sua amizade. "Não fostes vós que me escolhestes, mas fui eu que vos escolhi" (Jo 15,16). Jesus os escolhe não para exercer uma função, mas para "estar com Ele" e assim poder posteriormente anunciar a Boa Notícia de um Deus experimentado como amigo, ao lado dele[78]. "Depois subiu ao monte e chamou os que Ele quis. E foram ter com Ele. Escolheu doze entre eles para ficarem em sua companhia e para enviá-los a pregar" (Mc 3,13-14).

A fé dos discípulos vai crescendo nessa convivência amigável com Jesus. Estão com Ele, compartilham de perto sua vida, vão conhecendo-o cada vez melhor, vão se contagiando com seu espírito, intuem através de sua amizade o mistério de um Deus Pai. Jesus vai revelando-lhes seus segredos mais íntimos numa atmosfera de comunicação amigável. "Já não vos chamo servos, porque o servo não sabe o que faz o seu senhor. Eu vos chamo amigos porque vos dei a conhecer tudo o que ouvi de meu Pai" (Jo 15,15).

Dessa forma se estabelece entre Jesus e seus discípulos uma comunicação de afeto e amizade. Jesus chegou a dizer: "Quem vos recebe, a mim recebe" (Mt 10,40); "quem vos escuta, a mim escuta; quem vos rejeita, a mim rejeita" (Lc 10,16). Até o discípulo traidor é chamado de "amigo" até o fim (Mt 26,50). Jesus lhes mostra o extremo de sua amizade: "Ninguém tem maior amor do que aquele que dá a vida por seus amigos" (Jo 15,13).

---

78. BOROS, L. *Il Dio presente* – Meditazioni teologiche. Bréscia: Queriniana, 1968, p. 28-34.

Com sua amizade, Jesus lhes revela o amor de Deus: "O próprio Pai vos ama" (Jo 16,27). Dessa comunhão de amizade com Jesus nasce um estilo novo de vida, uma exigência nova: viver no amor. "Como o Pai me amou, assim também eu vos amei. Permanecei no meu amor. Se guardardes os meus mandamentos, permanecereis no meu amor. [...] Este é o meu mandamento: amai-vos uns aos outros como eu vos amei" (Jo 15,9-10.12). Sua morte na cruz é o auge desse amor: "Tendo amado os seus que estavam no mundo, amou-os até o fim" (Jo 13,1).

2 Sob o signo da amizade

Esse Jesus, amigo de todos, semeador de amizade, criador de comunhão amigável com seus discípulos, é a encarnação do carinho e da amizade de Deus para com todos. Em Jesus Cristo, a relação entre Deus e os homens é definida e configurada pelo amor. Esse é um dado fundamental para captar o núcleo da experiência cristã. Em virtude de Jesus Cristo, "o amor de Deus se derramou em nossos corações pelo Espírito Santo, que nos foi dado" (Rm 5,5). Essa é a realidade mais profunda de nosso ser: nascemos, crescemos e vivemos envoltos na amizade de Deus. "Permanecer em Cristo" é permanecer no amor, viver na esfera do amor de Deus. Aprofundemos um pouco mais essa amizade entre Deus e seus filhos.

a) Deus é amor

Em Cristo, amigo de todos, se nos revela que "Deus é amor" (1Jo 4,8), que sua realidade mais profunda é amar gratuitamente, ser amigo. Assim diz a Epístola a Tito: em Cristo "fez-se visível a bondade de Deus e seu amor para com os homens" (Tt 3,4). O termo empregado é *filantropia*, e expressa amizade para com os homens, benignidade, ternura, generosidade, amor benfazejo[79]. Jesus, o Profeta amigo de todos, é o rosto visível de um Deus que é amor gratuito.

É importante entender bem o que acaba de ser dito, pois isso pode transformar de maneira decisiva a nossa relação com Deus. De Deus somente brota a amizade e o amor absolutamente gratuitos, isto é, Deus nos ama não buscando seu próprio interesse, sua glória ou sua honra, mas ama apenas visando o nosso bem e a nossa felicidade. Deus não busca contrapartidas: não ama o ser humano para obter dele seu reconhecimento ou para que o louve e o glorifique eternamente. Deus ama o ser humano para que ele seja feliz: "Nisto se manifestou o amor de Deus: em ter enviado ao mundo seu Filho unigênito para que tenhamos a vida por meio dele" (1Jo 4,9).

Isso deveria nos tornar mais cautelosos ao falarmos da "glória de Deus". Segundo a conhecida expressão de Santo Irineu, *gloria Dei, vivens homo*[80], a glória de Deus consiste em fazer com que o ser humano viva e alcance sua plenitude. Ou seja, Deus se revela como Deus enchendo o ser humano de vida. E sua glória consistiria nisto: Deus é Deus ao buscar a felicidade e a plenitude do ser humano[81]. O descobrimento dessa amizade insondável e gratuita de Deus deveria nos levar a revisar profundamente as formas falsas de entender a experiência religiosa, que muitas vezes desfiguram substancialmente a realidade de Deus e a nossa relação com Ele.

Não poucos interpretam a religião a partir de dois universos com interesses distintos. Alguns veem a religião a partir dos "interesses de Deus". Substancialmente, a Deus interessar-lhe-ia sua glória, isto

---

79. CONGAR, Y. *Jésus-Christ*. Paris: Cerf, 1965, p. 23-40.
80. *Adversus haereses* IV, 20,7.
81. Para uma boa exposição sobre o *ágape* de Deus, cf. RIZZI, A. *Dieu cherche l'homme* – Refondre la spiritualité. Paris: Centurion, 1989, p. 43-59.

é, que as pessoas acreditem nele, que o louvem e que cumpram sua vontade divina. Nessa lógica, Deus estaria interessado na oração, no culto e nos deveres religiosos. Nesses atos Deus sentir-se-ia "servido", "à vontade", recebendo o louvor e a glória merecidos. Outros, no extremo oposto, interpretam a religião como servidora de seus próprios interesses, ou seja, confirmadora do próprio bem-estar, da própria saúde, de seus próprios desfrutes da vida.

Nessa dupla lógica, a Deus interessaria o que lhe pertence, colocando assim o ser humano ao seu serviço. Daí sua necessidade de impor à humanidade os seus dez mandamentos (como poderia impor outros, ou nenhum deles) e sua vigilância em relação à resposta humana, premiando a pessoa quando a observa e castigando-a quando não a cumpre. Na qualidade de Senhor, Deus também concederia favores: às vezes gratuitamente, às vezes condicionados, mas sempre voltados para o interesse de sua própria glória. Na outra ponta, preocupados com os próprios interesses, setores da humanidade passariam a negociar suas condições interesseiras com esse mesmo Deus. Aqui a religião serviria como instrumento de realização dos próprios desejos.

Tudo isso muda quando se descobre que Deus é amor, nada mais! O que interessa a Deus é o ser humano. Criando-o por amor, sempre busca o seu bem[82]. Não força ninguém a nada, tampouco pretende convencer ou obrigar. Interessa-lhe a vida, o trabalho, a liberdade, a saúde, a felicidade de todos e de cada um em particular. Por isso quer também que cumpramos essas obrigações morais que trazemos em nosso coração pelo simples fato de sermos humanos, já que esse cumprimento nos enriquece como seres humanos. Também

---

82. Cf. TORRES QUEIRUGA, A. *Recuperar a criação* – Por una religión humanizadora. Santander: Sal Terrae, 1996.

está sempre conosco na luta contra o mal. Poderíamos dizer que Deus não está na enfermidade, mas no enfermo. Não está acidente, mas no acidentado. Está naquilo que contribui para o bem do homem e da mulher. O mal, a desgraça e o pecado são inevitáveis neste mundo marcado pela finitude e pela liberdade frágil do ser humano. Deus respeita tudo isso. Mas está entre nós como amigo, indicando-nos o caminho da salvação e da plenitude da vida.

O Papa Francisco considera que, hoje também, esse encontro com o amor de Deus deve ser o "manancial da ação evangelizadora". Estas são suas palavras: "Somente graças a esse encontro – ou reencontro – com o amor de Deus, que se converte em feliz amizade, somos resgatados de nossa consciência isolada e da autorreferencialidade. Chegamos a ser plenamente humanos quando somos mais do que simplesmente humanos, quando permitimos a Deus que nos leve para além de nós mesmos para alcançar o nosso ser mais verdadeiro. Porque, se alguém acolheu esse amor que devolve o sentido da vida, como pode conter o desejo de comunicá-lo a outros?" (*EG* 8).

b) A resposta ao amor de Deus

A amizade tende a despertar um dinamismo semelhante na pessoa que se sente amada. Produz-se o que a tradição denomina *redamatio*: amor que responde, reação amorosa, comunhão. Essa resposta expressa o desejo mais profundo do ser humano e sua gratidão ao se sentir tão amado. Tal resposta amorosa é que define e configura a verdadeira relação com Deus. Ela não é, portanto, uma virtude junto a outras, mas a única que enraíza o homem na verdade diante de Deus. A relação com Deus fica distorcida quando inspirada na busca de vantagens, no medo, na desconfiança ou no ressentimento. Somente o amor estabelece a verdadeira comunicação com Deus.

Por outro lado, esse amor não é uma conquista de nossa vontade, não é fruto de nossos esforços. É um dom. O amor "foi derramado em nossos corações" (Rm 5,5). É o amor de Deus que gera em nós esta resposta amigável. "Amor traz amor", segundo a plástica expressão de Santa Teresa[83]. Sentirmo-nos amados nos leva a amar.

Podemos dizer que toda a vida cristã consiste em "viver sob o signo do amor amigável, receptivo diante de Deus e para com Deus"[84]. Por isso a fé, antes que aceitação intelectual da revelação, é resposta ao amor e à amizade de Deus. O essencial não é crer em verdades, mas confiar no amor gratuito de Deus e acolhê-lo como fundamento de minha existência[85]. A fé consiste em acreditar-me amado por Deus, abandonar-me a esse amor e entrar nessa corrente de amizade que flui dele[86]. Entender e viver minha vida inteira e a da humanidade como uma história de amizade com Deus. Daí a importância de captar o significado da experiência cristã sob o signo da amizade.

3 A vida cristã sob o signo da amizade

Sem dúvida é possível um encontro com Deus a partir da razão, da estética, da sensibilidade ou do comportamento ético. No entanto, só o amor fundamenta e orienta o caminhar do ser humano até a

---

83. *Libro de la vida*, 22,14.
84. HERRAIZ, M. *La oración, historia de amistad*. Madri: Ed. de Espiritualidad, 1985, p. 59.
85. Naturalmente, a fé tem também uma dimensão cognitiva, pois, a partir do amor de Deus revelado em Cristo, o fiel tem uma visão de Deus, do homem e do cosmos, mas sempre marcada pelo amor gratuito de Deus.
86. É significativa a linguagem bíblica: para falar da fé a Bíblia recorre a termos como "confiar", "abandonar-se", "apoiar-se".

comunhão com o Deus revelado como amor em Jesus Cristo. Quando esse amor é vivido sob o signo da amizade oferece à vida do cristão um tom particularmente enternecedor e profundo. Vejamos alguns aspectos dessa experiência de amizade com Deus.

a) Saber-nos amados

O essencial é saber-nos amados por Deus. Jesus, amigo afetuoso, único centro de nossa vida, nos lembra, nos convence, nos reafirma em nossa condição de seres amados por Deus. E essa é a verdade mais profunda de minha existência. Ainda que agora não o sinta, sou amado por Deus com amor afetuoso e eterno, sou valioso aos seus olhos. Como disse H.J.M. Nouwen, ser amados "é a origem e a plenitude da vida do Espírito"[87]. Deus nos ama, e nos ama loucamente[88]. Essa é a grande verdade. E a experiência cristã consiste em viver essa realidade do amor incondicional de Deus. "É certo que somos os amados, mas temos que converter-nos interiormente em amados. É certo que somos filhos de Deus, mas temos que chegar a sê-lo interiormente"[89]. Nisto consiste a vida espiritual: saber-nos, sentir-nos e pensar-nos como seres queridos por Deus.

Viver experimentando essa realidade tem um efeito curativo insuspeito. Nosso mundo está repleto de pessoas inseguras, cheias de medos, que se subestimam e pouco se amam a si mesmas. Homens e mulheres que, sob a experiência da arrogância, vivem sem consistência interior, numa dúvida radical sobre si. Pessoas insatisfei-

---

87. NOUWEN, H.J.M. *"Tú eres mi amado"* – La vida espiritual en un mundo secular. Madri: PPC, 1992, p. 27.
88. Cf. EVDOKIMOV, L. *El amor loco de Dios*. Madri: Narcea, 1990. O título é sugerido pelo *manikós eros* dos Padres.
89. NOUWEN, H.J.M. *"Tú eres mi amado"*. Op. cit., p. 28.

tas que nunca encontram descanso e que, no fundo, não se sentem realmente bem-vindas à existência. Para viver e amar a própria vida de forma sadia, o indivíduo precisa sentir-se valorizado e querido; precisa sentir-se amado incondicionalmente por alguém. Amado não por seus méritos ou sucessos, mas simplesmente pelo que é. O que hoje torna a vida de muitas pessoas doentia é justamente a falta dessa experiência básica: não sentir-se amadas. Faltam-lhes o estímulo incisivo e a força mais decisiva para crescer como pessoas.

A fé no amor incondicional e gratuito de Deus oferece ao fiel uma experiência básica para viver de maneira sadia. Essa experiência pode ser formulada assim: "Eu sou amado não porque sou bom, santo e sem pecado, mas porque Deus é bom e me ama de maneira incondicional e gratuita em Jesus Cristo. Ele me ama do jeito que eu sou, me ama antes que eu mude ou me torne melhor". A fé nesse amor incondicional de Deus oferece uma base privilegiada para crescer numa autoestima sadia. Quem acredita nesse amor gratuito de Deus possui uma força interior insuspeita que o leva a aceitar-se a si mesmo, não somente em seus aspectos positivos, mas também em suas sombras e aspectos negativos. Quem se sabe amado pode crescer e caminhar.

A experiência desse amor de Deus imprime à vida do fiel um tom agradecido. Fomos criados por Deus só por amor, vivemos envoltos em sua ternura, guiados misteriosamente por sua mão amiga[90]. Toda a nossa vida é dom, presente que vamos recebendo todos os dias do Deus amigo. Por isso, o que melhor define a experiência humana é a ação de graças, essa resposta agradecida ao grande Amigo que nos está presenteando continuamente a vida, o ser, a salvação. A vida do fiel se converte assim em ação de graças perma-

---

90. TORRES QUEIRUGA, A. *Recuperar la creación*. Op. cit., p. 71-108.

nente ao Pai por meio de Cristo: "Em tudo, dai graças a Deus, pois isto é o que Deus, em Cristo Jesus, quer de nós" (1Ts 5,28). "Cantai e salmodiai ao Senhor em vossos corações. Dai sempre graças por todas as coisas a Deus Pai, em nome de nosso Senhor Jesus Cristo" (Ef 5,19-20).

b) A amizade com Cristo

Saber-se amado leva a viver a adesão a Cristo como experiência amigável. Vejamos o que isso significa[91]. A amizade não se detém em algum aspecto ou qualidade do amigo, mas abarca a totalidade da pessoa querida. Quando uma relação se estabelece no plano das qualidades do outro podemos falar em simpatia, admiração, veneração ou sentimentos semelhantes; posso, por exemplo, admirar a valentia de Jesus, deixar-me impressionar por sua liberdade, sentir-me seduzido por sua bondade. A amizade, ao contrário, busca a pessoa do amigo, sua singularidade. Amo a Jesus não por essa ou aquela razão, mas pela totalidade de sua singularidade, e consciente de que Ele pensa a mesma coisa de mim.

Amizade sempre tem a ver com doar-se a si mesmo. Ou seja, amigo não necessariamente significa aquele que doa coisas, tempo, companhia, apoio, mas aquele que se oferece a si mesmo. Amizade, portanto, significa espaços em que amigos se oferecem a si mesmos, e mutuamente. O amigo, de alguma maneira, se converte em parte constitutiva da pessoa que o ama. "Que bom que existes e estás comigo": assim é o sentimento do amigo. Na pessoa amiga se pode buscar companhia, refúgio, orientação, apoio nos momentos difíceis. Mas, em última análise, o que se busca é viver com ela e nela.

---

91. BOROS, L. *El Dios presente*. Op. cit., p. 15-34. • BOROS, L. *El hombre y su Dios*. Madri/Estella: Paulinas/Verbo Divino, 1972, p. 101-122.

É a experiência de São Paulo: "Já não sou eu que vivo, mas Cristo que vive em mim" (Gl 2,20); "para mim, a vida é Cristo" (Fl 1,21). Cristo é para o fiel "espírito vivificador" (1Cor 15,45).

Eis a razão pela qual a amizade faz existir diferentemente. Equivaleria a dizer, parafraseando um famoso filósofo: "Sou amigo, logo existo". Saber-nos amados confirma nosso ser, nos recria. E saber-nos amados por Cristo nos confirma para a vida eterna, nos liberta da solidão, do abandono e do medo da destruição total. "Quem nos separará do amor de Cristo? O sofrimento, a angústia, a perseguição, a fome, a nudez, os perigos, a espada? [...] Vencemos a tudo isso graças àquele que nos amou, pois estou persuadido de que nem a morte, nem a vida, nem os anjos, nem os principados, nem o presente, nem o futuro, nem as forças cósmicas, nem a altura, nem a profundeza, nenhuma outra coisa poderá separar-nos do amor de Deus manifestado em Cristo Jesus, nosso Senhor" (Rm 8,35-39).

c) A importância do afeto

Viver a vida cristã sob o signo da amizade exige, de alguma forma, a recuperação da via afetiva, servindo, sobretudo, segundo São Bernardo, como antídoto contra certo racionalismo que pode esvaziar a experiência religiosa de sua força vital. Não é este o local nem o momento de expor, nem mesmo em grandes linhas, a "teologia afetiva"[92]. Apenas sublinharei a importância do afeto na relação com Deus.

---

92. Cf. BERNARD, C.A. *Théologie affective*. Paris: Cerf, 1984. • Van HECKE, L. *Le désir dans l'expérience religieuse* – Relecture de saint Bernard. Paris: Cerf, 1990, esp. p. 68-95 e 119-208. • Van HECKE, L. *Dieu Amour dans la tradition chrétienne et la pensée contemporaine*. Paris: Nouvelle Cité, 1993, p. 85-180.

Segundo São Bernardo, nem o temor nem o interesse próprio são os principais elementos que levam ao encontro com Deus. O que leva a esse encontro é o amor. A razão é clara: quem teme a Deus ou busca os próprios interesses só pensa em si mesmo, isto é, não sai da esfera do próprio "eu". Somente o amor desperta o afeto e arrasta para a comunhão afetiva com Deus. Daí a grande importância dada por São Bernardo à capacidade de "ser atraído" pelo amor de Deus. Não fosse isso, segundo nosso autor, grande seria o risco de sentir-nos atraídos por outras realidades parciais ou passageiras. Assim ele escreveu a um monge que abandonou o mosteiro: "Ou não saboreaste ainda a Cristo e desconheces seu sabor, e por falta de experiência careces de apetite, ou degustaste sem experimentar doçura, em razão da enfermidade de teu paladar"[93].

Talvez o que hoje mais necessitam não poucos fiéis é abrir o próprio coração à amizade com Deus, deixar-se atrair por seu amor incomensurável, trilhar o caminho do afeto, não o do medo nem o do interesse. Existe um medo de Deus triste, inútil, desumanizador. Ele deforma o verdadeiro ser de Deus e afasta de seu amor. Assim mesmo existe uma busca interessada de Deus que reduz a religião a intercâmbio ou negócio. O caminho verdadeiro é muito diferente. Ele nos é assinalado por Jesus com estas palavras carregadas de mistério e de promessa: "Como o Pai me amou, assim também eu vos amo. Permanecei no meu amor" (Jo 15,9).

O caminho do afeto leva a um conhecimento sapiencial das coisas de Deus que não é um saber por inteligência, mas um saber por paixão amorosa. Esse conhecimento nasce da experiência de ser amado e "vai mais diretamente a Deus do que os conhecimentos

---

93. Apud Van HECKE, L. *Le désir dans l'expérience religieuse*. Op. cit., p. 267.

abstratos e raciocínios teológicos"[94]. Esse conhecimento por amor leva a viver esse "carisma de simpatia" de que fala O. Clément. O fiel se comunica confiadamente com Deus. Sintoniza plenamente com Ele. A amizade vai se tornando cada vez mais íntima. Cresce essa "ternura do coração" que é o oposto da dureza de coração[95].

4 A oração de amizade

O caminho concreto para avançar até Deus pela via afetiva é a oração amiga, isto é, a oração que se baseia no encontro pessoal com Deus vivido como um ato de "cuidar da amizade", segundo a conhecida expressão de Santa Teresa: "A oração não é outra coisa senão cuidar da amizade, vivendo muitas vezes sozinhas com quem sabemos que nos ama"[96].

a) O encontro com Cristo amigo

A oração cristã, no fundo, é um "cuidar da amizade" com Jesus. Encontro amigável, insondável e terno com Jesus o Cristo, essa pessoa querida, que buscamos conhecer e amar cada vez mais, e na qual se nos oferece e presenteia, de forma real e profundamente humana, a amizade de Deus.

---

94. GUERRA, S. "Teología y santidad. Nuevas perspectivas de la teología y misión del Carmelo teresiano-sanjuanista". In: ROS, S. (org.). *La recepción de los místicos Teresa de Jesús y Juan de la Cruz*. Salamanca/Ávila, Universidad Pontificia/Centro Internacional Teresiano-Sanjuanista, 1997, p. 656-660.
95. CLÉMENT, O. "La oración de Jesús". In: *La oración del corazón*. Bilbao: Desclée de Brouwer, 1987, p. 105-111.
96. Sobre a relação de amizade sigo de perto o excelente estudo de HERRAIZ, M. *La oración, historia de amistad*. Op. cit., esp. p. 41-99 e 101-120.

Esse encontro com o Cristo amigo nasce da adesão a um Cristo humano, Filho de Deus, que compartilha realmente nossa condição humana e conhece por experiência nossa fraqueza. Santa Teresa o sublinha de diferentes formas: "Via que, embora Deus, Ele era homem". Por isso "não se espanta com as fraquezas dos homens", "entende nosso miserável comportamento", e "posso tratá-lo como amigo"[97].

A partir de sua própria experiência, Teresa descobre assim esse Cristo com o qual se relaciona na oração: "É um excelente amigo". Jesus "é companhia que liberta da solidão e do vazio". É "amigo verdadeiro". "Nunca falha." "É fiel." "O que mais poderíamos querer de um bom amigo ao nosso lado? Que não nos deixa atribulados nos afazeres, como o fazem os do mundo." "Não vos faltará jamais, vos ajudará em todos os vossos trabalhos, vos alcançará de todas as formas. Pensais que é pouco ter um amigo desses ao nosso lado?"[98] Nossa vida mudaria se simplesmente aprendêssemos a "tratar a Cristo como amigo".

b) O tratamento de amizade

A oração é para Santa Teresa esse gozo e essa dilatação interior que se produz no encontro com Cristo, Amigo insondável. "E assim sempre voltava ao meu costume de buscar descanso no Senhor, em especial quando comungava"[99]. Nessa oração é o amor que tem a absoluta primazia. "Não se trata de pensar muito, mas de amar muito"[100].

---

97. Ibid., p. 110-111.
98. Ibid., p. 111-113.
99. Ibid., p. 103.
100. Ibid., p. 57.

A atenção se concentra no amor que Deus tem por nós em Jesus Cristo. É o elemento principal que tudo configura. Para Santa Teresa, "entreter-nos sozinhas com quem nos ama". Está tudo aí: saber-se amado/amada com amor certo, fiel, eterno; lembrar desse amor, desfrutá-lo, agradecê-lo; viver dessa amizade; responder a esse amor. Essa oração de amizade não exige grandes conhecimentos, não carece de grandes esforços: é só deixar-se amar. Segundo Santa Teresa, trata-se de uma oração que está ao alcance de todos. "Nem todos são hábeis no pensamento, mas todos o são para amar"[101].

c) Características da oração de amizade

Urge lembrar algumas características próprias dessa oração de amizade. Elas podem ser extraídas dos escritos de Santa Teresa[102]. Trata-se de um encontro íntimo, buscado, "a sós", com alguém percebido como amigo. "Entreter-nos sozinhas com quem nos ama." Com isso não se está desvalorizando a celebração litúrgica nem a oração comunitária. O envolvimento amigável com Deus, no entanto, pede silêncio, presença mútua, atitude de recolhimento diante de quem nos ama.

Esse encontro amigável leva a pessoa que reza ao mais íntimo de seu ser. E seu coração transforma-se em centro dessa oração. Santa Teresa dizia: "Quando comungava [...], entretinha-me com Ele". O encontro com Cristo amigo só é possível no mais íntimo da pessoa. Somente nele o Cristo Jesus pode ser captado como amigo.

A oração de amizade fundamentalmente consiste em "estar" com o Amigo. "Estava lá [...] com Ele", "minha alma sozinha com

---

101. Ibid., p. 43.
102. Ibid., p. 42-50 e 56-61.

seu Deus". Trata-se de um "estar" que une, cria comunhão, vivifica, faz crescer o amor. M. Herraiz sublinha que Santa Teresa, às vezes, falava realística e simplesmente em "querer estar", simbolizando a importância dessa atitude interior de "querer estar em tão boa companhia", de "querer entreter-se, pessoalmente, com Deus".

Para definir essa oração, Teresa se serve da categoria do "olhar", desse olhar amoroso que melhor representa a atitude da pessoa orante. Em primeiro lugar, o olhar para Deus, ou seja, dar-se conta de sua presença amorosa, voltar-nos para Ele. "Não vos peço mais senão olhar para Ele." Por outro lado, perceber que Deus nos olha, que dirige amorosamente seu olhar para nós: "Está me olhando".

Essa oração de amizade tem o caráter gozoso dos encontros amistosos. Para Santa Teresa, ela é "buscar descanso no Senhor", desfrutar e usufruir com o Senhor. Porém, além disso, o próprio Deus desfruta e usufrui desse encontro. "Venha descansar comigo", diz a mística Teresa. Nessa oração, perpassada por muito amor, Deus se comunica com a alma "para entregar-se com ela e para presenteá-la".

Essa oração de amizade é uma experiência que abre para a vida. Ela necessita do espaço de uma vida inteira para expressar-se. Não se ama aos poucos, de maneira intermitente. Ama-se sempre, de forma permanente: "O verdadeiro amante ama em toda parte e percebe a presença do amado". A vida inteira se converte em espaço aberto e concreto para viver a amizade com Deus.

5 Testemunhas da amizade de Deus

A amizade com Deus vivida no fundo do coração se irradia, se estende e dá frutos de vida amistosa no meio do mundo. Como o disse L. Boros: "Esta é, provavelmente, a mais dura, porém, igualmente, a mais ditosa exigência de nossa fé: ser testemunhas da amizade e da bondade de Deus num mundo tão frequentemente habitado pelo ódio e, em razão disso, tão desgraçado"[103].

a) O amor, sinal dos cristãos

O Evangelho coloca na boca de Jesus dois grandes convites a amar. O primeiro diz assim: "Este é o meu mandamento: amai-vos uns aos outros como eu vos amei" (Jo 15,12). Jesus aparece aqui como princípio e fonte que deve levar seus seguidores a viver amando os outros como eles mesmos foram amados por Ele. O segundo convite diz: "Em verdade eu vos digo: todas as vezes que fizestes isto a um desses meus irmãos menores, foi a mim que o fizestes" (Mt 25,40). Jesus aparece aqui identificado com os menores e necessitados, de forma que quem os ama, é a Jesus que estão amando também.

É necessário entender bem essa última frase para não a desfigurar[104]. Às vezes se diz que Cristo está misticamente presente no pobre de tal forma que o amor cristão ao necessitado consistiria em saber descobrir e amar a Deus ou a Cristo no pobre. Melhor é entender as coisas de outra forma. O pobre não é uma ocasião ou um meio para amar a Deus ou a Cristo presente misticamente nele. Nós amamos esse pobre em si mesmo, não para unir-nos a Deus, mas porque nos comovemos e queremos aliviar sua necessidade. E Cristo está nesse pobre fundamentando sua dignidade e, em consequência, chamando-nos a agir com amor responsável.

O amor de Deus sustenta nosso ser e encoraja nossa liberdade. Nossa capacidade de amar também provém dele, mas Deus nos

---

103. BOROS, L. *El hombre y su Dios*. Op. cit., p. 122.
104. RIZZI, A. *Dieu cherche l'homme*. Op. cit., p. 90-95.

chama a libertar o amor que está em nosso próprio coração[105]. Conhecemos o amor de Deus encarnado em Jesus, acreditamos nesse amor, o experimentamos continuamente em nós. O que se nos pede é viver desse amor e despertar em nós a capacidade de viver amando. "Caríssimos, amemo-nos uns aos outros, porque o amor vem de Deus, e quem ama nasceu de Deus e conhece a Deus. Quem não ama não conheceu a Deus, porque Deus é amor" (1Jo 4,7-8).

Esse amor para com o ser humano que nasce em nós, essa atitude amigável para com toda a criatura, é o que nos faz viver em comunhão com Deus, amigo da criação inteira. "Ninguém jamais viu a Deus. Se nos amamos uns aos outros, Deus permanece conosco e seu amor é perfeito em nós. Sabemos que estamos nele e Ele em nós, porque Ele nos deu o seu Espírito" (1Jo 4,12-13). Por isso só o amor e a amizade mútua distinguem os discípulos de Jesus: "Nisto conhecerão que sois meus discípulos: se vos amardes uns aos outros" (Jo 13,35).

b) Introduzir a amizade de Deus no mundo

Nosso mundo não é um mundo de amigos. Não penso somente nas guerras que os homens enfrentam, na violência que mata, no terrorismo que destrói, nas injustiças que afundam na miséria tantos seres humanos e tantos povos, nos abusos, nas manipulações e nos maus-tratos. Para além do ódio, da violência e do mútuo enfrentamento, está a falta de amizade e a existência de homens e mulheres que não têm lugar no coração de ninguém. Pessoas que sofrem a solidão, o isolamento ou a insegurança. Pessoas não ouvidas por

---

105. FERLAY, P. *Une Arte de vivre* – Douze leçons de théologie spirituelle. Paris: Desclée de Brouwer, 1995, p. 69-76.

ninguém, que ninguém beija ou acaricia, que ninguém aguarda por elas em parte alguma.

Existem também pessoas que, tornando conhecido o amor ou a amizade, vivem esse sofrimento que H.J.M. Nouwen denomina "ruptura do coração", que é a consequência de relações rompidas entre esposos, entre pais e filhos ou entre amigos. "No mundo ocidental, o sofrimento que parece ser o mais doloroso é o que tem sua origem na sensação de sentir-se rechaçado, ignorado, desprezado e deixado de lado"[106]. Quando esse imenso desejo de comunicação amistosa que habita o ser humano é negado, a pessoa sofre, perde a alegria de viver e busca de novo o calor de alguém com quem possa se sentir segura e acompanhada.

É neste mundo concreto que somos convidados a estabelecer amizades. Na vida podemos "fazer" muitas coisas, levar a termo diversos projetos, realizar tarefas mais ou menos importantes, mas nada é mais grandioso do que "sermos amigos". O que vai enchendo nossa existência de conteúdo não é "o que fazemos", mas "o que somos". O que pode existir de mais belo ou grandioso na vida senão "ser amigo" e oferecer acolhida, paz, bondade, paciência, confiança, perdão, alegria de viver, delicadeza, esperança?

Nós cristãos só poderemos anunciar o nosso Deus como Boa Notícia se soubermos introduzir sua amizade e sua grande bênção neste mundo às vezes inóspito. Nem todos podem oferecer amizade, já que somente quem se sente amado é capaz de amar. Por isso, esta pode ser hoje uma das pistas para a nossa ação evangelizadora: acolher a amizade de Deus, desfrutá-la e celebrá-la em nossas comunidades, para poder anunciá-la e comunicá-la inclusive aos mais

---

106. NOUWEN, H.J.M. *"Tú eres mi amado"*. Op. cit., p. 57-58.

esquecidos e abandonados. Assim disse o Papa Francisco, citando Paulo VI: "Oxalá o mundo atual – que busca às vezes com angústia, às vezes com esperança – possa assim receber a Boa Notícia não por intermédio de evangelizadores tristes e desencorajados, impacientes e ansiosos, mas através de servidores do Evangelho cuja própria vida irradia o fervor de quem recebeu, acima de tudo em si mesmo, a alegria de Jesus Cristo" (*EG* 10).

Essa é a grande tarefa dos que se sabem amados por Deus: introduzir no mundo a bênção de Deus. "Bendizer", do latim *bene-dicere*, significa literalmente "falar bem", dizer coisas boas a alguém, dizer-lhe, sobretudo, nosso amor, expressar-lhe nossa amizade e desejo de todo o bem. Segundo a doutora F. Dolto, "bendizer é fazer o bem. É o mesmo que dizer: quero para ti o bem, te profetizo o bem, pensarei em ti, não pensarei senão em teu bem. Isto é o mais importante: a certeza de que um ser humano recebe a bênção"[107]. Trata-se, pois, de estar junto às pessoas em atitude amigável, marcar com a benevolência os que podem se sentir afetados pelo mal, estar ao lado de quem pode estar sofrendo a solidão e o abandono.

E "abençoar em nome de Deus" é lembrar e comunicar, com gestos, palavras e atitudes o amor e a amizade de Deus. É devolver às pessoas a segurança de que são amadas por Deus com amor incomensurável. É lembrar que toda pessoa, não obstante tudo, é abençoada. Em última análise, é anunciar de forma concreta a cada pessoa a Boa Notícia de um Deus amigo e dizer-lhe que, aconteça o que acontecer, sempre haverá para ela a graça, a amizade e a misericórdia de Deus.

---

107. POHIER, J. El poder de la bendición sobre la identidad psíquica. *Concilium* 189, mar./1985, p. 254 [entrevista com F. Dolto].

Entretanto, se quisermos especificar mais como viver de forma significativa a amizade de Deus no mundo contemporâneo, é necessário lembrar duas grandes áreas: a situação de descrença e a situação da injustiça excludente[108].

c) Em plena crise religiosa

Nas sociedades ocidentais vive-se uma profunda crise religiosa. A fé cristã já não é mais o marco referencial nem a matriz cultural de nosso mundo. Um após outro vão caindo os apoios externos que sustentavam a religião de muitos. A Cristandade vai desaparecendo. No futuro não será mais possível ser cristão por tradição ou por pressão social. Só quem fizer a experiência de Deus poderá ser chamado de cristão.

Por isso, mais grave do que a crise das Igrejas ou das instituições cristãs é o que J.B. Metz denomina "crise de Deus". Deus vai desaparecendo das consciências. Seu vazio é substituído por diferentes formas de idolatrias ou indiferenças. Para muitos, "Deus" não lhes diz mais nada. Não interessam as grandes questões da existência. Cresce a insensibilidade religiosa. Pouco a pouco se alastra entre nós "a cultura da ausência de Deus".

As posturas dos cristãos diante desse fato são diversas: existem os que o consideram um fenômeno acidental e passageiro; outros se dedicam a condenar os que abandonam a Igreja; há os que desqualificam com dureza os agnósticos e indiferentes, tentando mostrar o absurdo de suas posturas; muitos se metem em polêmicas ou tentam organizar "uma reconquista". Mas que postura adota aquele

---

108. Cf. MARTÍN VELASCO, J. "Espiritualidad antigua y nueva: el Carmelo teresiano sanjuanista ante el espíritu del siglo XXI". In: ROS, S. (org.). *La recepción de los místicos*. Op. cit., p. 605-625.

que acredita no amor insondável de Deus e vive a experiência de sua amizade?

Primeiramente devemos nos sentir irmãos e amigos. Crentes, agnósticos, indiferentes ou ateus, todos somos sustentados pelo mesmo amor infinito de Deus. Mas existe algo a mais. Quando alguém se deixa olhar por esse Deus amigo e experimenta sua amizade, imediatamente descobre a mediocridade de sua resposta, a pobreza de sua própria fé e inclusive a dose de incredulidade que habita também os que se dizem fiéis. Como não me sentir semelhante a eles?

Essa é a experiência de Santa Teresa de Lisieux, resumida assim por J.-E. Six: "Quanto mais Teresa avança na fé, quanto mais se deixa amar pelo amor, melhor compreende o que existe nela de incredulidade e, pela mesma razão, o que existe de incredulidade no mundo. E também mais sofre, pela mesma razão, as 'trevas' nas quais vive quem não crê, que é amado por Deus sem sabê-lo"[109]. Por isso, esta é a oração que nasce de seu coração: "Senhor, vossa filha compreendeu vossa divina luz. Ela vos pede perdão por seus irmãos. [...] Acaso não pode ela também dizer em seu nome, em nome de seus irmãos: 'Tende piedade de nós, Senhor, porque somos pobres pecadores'?"[110]

Somente a partir dessa comunhão profunda é possível o diálogo amigável, a escuta mútua, a partilha das interrogações que todos trazemos no coração, bem como mostrar a fé a partir do lugar em que cada um a vive, sugerir o amor de um Deus amigo que nos acompanha mesmo que não o saibamos. Somente a partir dessa "capacidade de engendrar Deus nas almas devastadas", de

---

109. Apud ibid., p. 618.
110. Ibid.

que fala P. Evdokimov[111], é possível evangelizar em meio à incredulidade contemporânea.

d) Diante da pobreza e da exclusão

Junto à crise religiosa não podemos esquecer outro fato grave: a injusta marginalização a que se veem submetidos tantos homens e mulheres. Não se pode viver a amizade de Deus ignorando a situação de pobreza e de sofrimento dos excluídos de uma vida digna: pessoas, famílias, povos inteiros que vivem oprimidos e explorados pelos mais poderosos. Não importa se vivem longe de nós. São seres humanos queridos infinitamente por Deus.

Essa falta de justiça e de fraternidade com os pobres impede o reinado de Deus como Pai de todos e obscurece seu amor a toda criatura. "Esta pobreza é a razão por excelência do encobrimento de Deus que padecemos: os que sofrem a pobreza e, sobretudo, os que com nossa injustiça a estamos infligindo"[112]. Por isso, não é possível introduzir neste mundo a amizade de Deus sem lutar em favor dos que sofrem a causa da injustiça e da inimizade. Além disso, o amor a esse irmão é o critério mais autêntico para verificar nossa capacidade de amar a Deus: "Se alguém disser: 'Amo a Deus', mas odiar seu irmão, é mentiroso. Pois quem não ama o seu irmão, a quem vê, não pode amar a Deus, a quem não vê. Recebemos dele este mandamento: quem ama a Deus, ame também o seu irmão" (1Jo 4,20-21).

Não é possível experimentar o amor de Deus sem reagir diante da dolorosa pobreza do outro. A experiência da amizade de Deus e a indiferença diante dos pobres são incompatíveis. Quem com-

---

111. Apud CLÉMENT, O. "La oración de Jesús". Op. cit., p. 111.
112. MARTÍN VELASCO, J. "Espiritualidad antigua y nueva: el Carmelo teresiano sanjuanista ante el espíritu del siglo XXI". Op. cit., p. 620.

preende o amor de Deus sofre, reage, age, se compromete ao ver como os pobres, esses prediletos de Deus, são excluídos e humilhados. O amor de Deus revelado em Jesus Cristo levou Dom Oscar Romero a descobrir a verdade que encerra a expressão por sua vida matizada de Santo Irineu, *Gloria Dei vivens pauper*: o que glorifica a Deus é o pobre cheio de vida.

Reflexão

1) Que ideia de Deus se fazem os cristãos de nossas comunidades? Compartilhe ideias e experiências negativas que geram desconfiança, suspeição, indiferença e afastamento de Deus. Mas também valorize experiências positivas que estimulam a confiança num Deus bom.

2) O que impede ou dificulta aos cristãos mais simples relacionar-se com um Deus amigo e salvador? (Medo de um Deus juiz, do inferno, da gravidade de algum pecado, proximidade da morte...)

3) Como cultivar nas comunidades cristãs um clima que ajude os fiéis a relacionar-se com Deus de maneira mais viva, mais alegre, mais amistosa e confiante num Deus amigo e salvador? Tens alguma sugestão?

6
Testemunhas do Deus da vida

Em diferentes momentos insisti na necessidade urgente de testemunhas na Igreja de hoje. Sem testemunhas não é possível transmitir a experiência de Deus vivida pelos primeiros discípulos em seu encontro com Jesus. Hoje, assim como nos tempos de Jesus, não faltam escribas, doutores e hierarcas, entretanto, será que existem testemunhas que se encontraram com Jesus, capazes de comunicar a experiência do Deus vivo que descobriram nele?

As perguntas que faço não são fáceis de responder: Quem é testemunha do mistério de Deus? O que vive essa testemunha? O que é decisivo em sua experiência? O que comunica? Como o faz? Como se situa no meio dessa sociedade tão indiferente e incrédula?

É exatamente aqui que começa a brotar em mim algumas dúvidas: O que sei de tudo isso? O que posso realmente dizer? E, se não falo a partir de minha experiência, a partir de onde posso dizer algo de autêntico? Infelizmente minha experiência de Deus é pobre. E desde já devo dizê-lo: o que vou dizer brota mais de minha reflexão, de minha intuição e de meu desejo. Entretanto, o que me anima a dizer algo é ter podido conhecer de perto amigos e amigas que foram e continuam sendo pequenas "testemunhas de Deus". E particularmente pretendo também aportar minha contribuição para que em nossas comunidades cristãs escutemos o chamado a sermos testemunhas do Deus encarnado em Jesus: um Deus amigo da vida.

1 A condição da testemunha

Antes de entrarmos na experiência nuclear da testemunha vou apresentar algumas características e atitudes de quem pretende viver a partir da experiência de um Deus amigo do ser humano e ciente de ser chamado a ser sua testemunha.

a) Enraizada na vida

A testemunha vive na realidade de hoje. Sua vida não transcorre à margem dos problemas, interrogações e sofrimentos vividos hoje no mundo. Sua visão da vida é enriquecida pela experiência que vive de Deus, mas não vive em outro mundo, em outro tempo, em outra esfera.

A testemunha está focada na vida. Ela a ama e a vive apaixonadamente, como Jesus. Sabe lê-la com olhar evangélico. Esforça-se para descobrir os "sinais positivos" que emergem aqui e acolá, intui os "vestígios" de Deus que acompanham as pessoas em suas alegrias e tristezas. Sofre quando às vezes vê que a Igreja se situa "do lado de fora" e "sobre" as pessoas, julgando e condenando um mundo em que parece não reconhecer-se, como se fosse depositária de uma "santidade" especial e exclusiva que a coloca fora da condição comum, fraca, vulnerável e pecadora dos seres humanos. A testemunha do Deus de Jesus não sabe viver sem compartilhar as incertezas, as crises e contradições do mundo atual, já que vive habitada por uma convicção inamovível: "Deus amou tanto o mundo que entregou seu filho unigênito" (Jo 3,16).

A testemunha de Deus não se preocupa somente com a crise religiosa ou com os desafios que a Igreja hoje enfrenta. Ela sofre os desafios, as crises e os sofrimentos da humanidade inteira: a força do mal e da injustiça, a fome e a miséria no mundo, a submissão da mulher ao homem, a impotência diante do sofrimento e da morte, a crise de esperança. Ela sabe que Deus se preocupa com todos. Compartilha a incerteza própria da condição humana: sente que não existem evidências nem certezas para ninguém, nem para ela que pertence a uma tradição religiosa nem para quem vive de outras convicções. Ela entende, compartilha e sofre a "ausência de Deus", tão generalizada na sociedade ocidental, já que também a padece na própria pele.

A testemunha do Deus encarnado em Jesus acaba situando-se no mundo e na vida a partir de uma atitude aberta e universal. Não se dá por satisfeita simplesmente colocando-se os desafios que precisa assumir diante da Igreja e do mundo atual. A verdadeira testemunha sente e vive as coisas de outra maneira, e se pergunta: que desafios, ameaças e sofrimentos precisam enfrentar as mulheres e os homens de hoje? O que os seguidores de Jesus podem e devem viver, propor e dinamizar neste mundo?

b) Simpatia com as vítimas da descrença

A testemunha de Jesus sabe que vive numa sociedade fortemente marcada pela descrença. Ela está em contato com homens e mulheres que abandonaram "algo" que um dia viveram. Nós os chamamos de "descrentes", porque não aceitam nossa fé religiosa; na verdade são pessoas que vivem de outras convicções. Por trás de cada vida, no fundo de cada maneira de viver existe uma maneira de crer: fé em Deus, fé num Mistério último, confiança em alguns valores, defesa da pessoa como valor supremo, busca de amor...

Nós reservamos o termo "fé" para falar da fé religiosa, mas os que abandonaram essa fé também vivem de convicções, difíceis às vezes de expressar, mas que os sustentam e os ajudam a viver, a lutar, a sofrer e a morrer com sentido.

A testemunha de Deus nunca deve ver as pessoas que abandonaram a fé como adversárias a serem combatidas ou convencidas. Ao perguntar sobre o que realmente acreditam as pessoas quando deixam de acreditar em Deus ela descobre nelas convicções, compromissos e fidelidades: a própria decisão de viver de uma determinada maneira. Assim a testemunha de Deus, alimentada pelo Espírito de Jesus, intui e percebe que, embora a fé religiosa esteja em crise, a "confiança fundamental na vida" ainda permanece viva na maioria das pessoas. Parece impossível viver sem acreditar em alguma coisa, sem confiar em alguém, sem projetar-se para um futuro melhor.

A partir de sua própria experiência, a testemunha acredita que Deus está no fundo de cada vida e continua se comunicando por caminhos que não passam necessariamente pela fé religiosa nem pela Igreja. Por isso ela vive atenta a essa ação do Espírito que é presenteado a cada pessoa juntamente com a vida. Ninguém é abandonado por Deus, ninguém é privado de sua bênção. A testemunha vive com essa convicção: todos "vivemos, nos movemos e existimos" em Deus; todos "o buscamos e o encontramos às apalpadelas, embora não esteja longe de cada um de nós" (At 17,27-28). A testemunha não se sente mal junto aos que não acreditam em Deus. Sente-se próxima, numa "simpatia mística com as vítimas da incredulidade", diria E. Schillebeeckx[113]. Compreende os sentimentos de Jesus que, ao ver as pessoas, "sentia compaixão por elas, pois eram como ovelhas sem pastor" (Mc 6,34).

---

113. SCHILLEBEECKX, E. *Jesús, la historia de un viviente*. Op. cit., p. 83.

c) A vida está em boas mãos

Essa convicção é fundamental na experiência da testemunha de Deus: a vida está em boas mãos. O Reinado de Deus continua abrindo seus caminhos como "uma pequena semente de mostarda" (Mt 13,33). Nosso pecado e nossa mediocridade não podem bloquear a ação de Deus. Todos nós continuamos buscando e lutando, sofrendo e nos alegrando, vivendo e morrendo, sustentados pelo perdão e pela misericórdia de Deus.

Por isso, a testemunha se move com paz e liberdade. Não tem que defender nada; não precisa retrucar, disputar ou combater; não tem nada a perder. Ela pode ser testemunha sem medos nem receios, sem pretensões nem interesses particulares. Simplesmente vive e comunica a experiência que a habita e a faz viver. Assim fala J.-P. Jossua: "Não vos faço nem buscar nem encontrar a Deus mesmo contra minha vontade. Expresso simplesmente minha fé: meu Deus, por sua vez, sei que os procura e, sem dúvida, os encontra por caminhos que eu ignoro"[114].

d) O que move a testemunha de Deus

Ninguém, de repente, se dá por objetivo testemunhar a Deus. Seria ridículo organizar a vida para dar testemunho. O fiel tampouco busca – com menor intensidade ainda – ser original, chamar a atenção ou causar impacto. Ele simplesmente vive sua experiência e busca ser fiel a Deus; e às vezes até pode manifestar o segredo de sua vida como fiel. Mas a verdadeira testemunha oferece realmente, como que "de passagem", "por acréscimo" mesmo, algo que irradia

---

114. JOSSUA, J.-P. *La condición del testigo*. Op. cit., p. 14.

sua maneira de ser, sua forma de viver, seu modo de crer e, sobretudo, seu jeito de amar.

A testemunha não pretende converter os outros: vive convertendo-se a si mesma. Não se trata de salvar os outros, mas de viver sua própria experiência de salvação. Não se esforça para fazer com que a Igreja cresça mediante a adesão de novos membros, mas vive abrindo caminhos para o Reino de Deus na vida das pessoas. Não é movida por nenhum interesse proselitista, mas lembra a severa crítica de Jesus ao proselitismo dos escribas e fariseus, que se esforçavam para conseguir novos adeptos do judaísmo sem aproximá-los do amor de Deus: "Ai de vós, escribas e fariseus hipócritas, que percorreis mar e terra a fim de converter uma só pessoa para, depois de convertida, torná-la merecedora do inferno duas vezes mais do que vós mesmos!" (Mt 23,15). O estilo de Jesus é diferente: alivia a dor, oferece o perdão, expulsa o mal, desperta a confiança, anuncia a Boa Notícia de Deus, mas não prende ninguém a si mesmo. Aos curados e perdoados manda seguir a própria vida: "Vai para a tua casa, para junto dos teus e conta-lhes tudo o que o Senhor fez por ti e como se compadeceu de ti" (Mc 5,19). "Levanta-te, pega o teu leito e vai para casa" (Mt 9,6).

O que motiva a testemunha é a experiência que ela mesma vive. Paulo de Tarso dizia: "Nós acreditamos, e por isso falamos" (2Cor 4,13). E diz mais: "evangelizar não é motivo de orgulho para mim, mas uma necessidade. Ai de mim se não evangelizar" (1Cor 9,16).

2 Testemunha de um encontro com Deus

A fé cristã não é uma doutrina, uma lei ou um rito. É uma vida. Por essa razão Jesus não confiou sua missão a mestres, doutores ou liturgistas, mas a testemunhas: "Sereis minhas testemunhas" (At 1,8).

Não existem testemunhas se não houver comunicadores de um encontro vivo com o Deus revelado em Jesus.

a) Comunicação de uma experiência

Quem testemunha sem nenhuma experiência de Deus produz uma farsa. É a experiência que motiva, impele e mantém vivo o testemunho. A pessoa que testemunha não apenas acredita "teoricamente", mas sente pessoalmente que acredita; ela não só afirma que a salvação está em Jesus Cristo, mas sua experiência vivida mostra que é uma pessoa amada por Deus. Em Jesus ela encontra "algo inconfundível", que não encontra em outro lugar; é algo decisivo em sua vida, ainda que não o possa exprimir de maneira clara e exata.

Não é fácil dizer em que consiste essa experiência cristã[115]. Basta dizer que experimentar é provar, verificar, conhecer alguma coisa por contato pessoal, sentir-se atingido interiormente. A experiência que impulsiona a testemunha tem a ver com o real, já que transforma sua vida. Não é uma ilusão. É alguma coisa certa, que a pessoa pode comprovar, ainda que nem sempre possa expressá-la corretamente. É alguma coisa precisa e inconfundível, não vaga ou etérea. É alguma coisa vital, não inerte.

Por isso a testemunha comunica o que ela vive, o que está transformando a sua vida, o que está mudando a sua história. A testemunha oferece sua experiência, sua sabedoria ela irradia e contagia, não informa, nem doutrina, tampouco ensina. A testemunha é mais vista como habitada por uma convicção do que por grandes saberes acerca da fé. E ela oferece aos outros aquilo que lhe faz bem.

---

115. GELABERT, M. *Valoración cristiana de la experiencia*. Salamanca: Sígueme, 1990.

b) Irradiação de um encontro

Da experiência cristã podemos analisar muitos aspectos, mas o importante é captar que o núcleo dessa experiência é o encontro pessoal com o Deus vivo revelado em Jesus Cristo. Um encontro que afeta a pessoa inteira, porque "toca" a inteligência, o coração e a vida inteira do fiel. Inicialmente, alguns talvez nem percebam que isto é o principal e decisivo, mas pouco a pouco vão experimentando que a fé não consiste em acreditar em alguma coisa, mas "acreditar em alguém". Isso muda tudo. Mais do que ter fé ou possuir algumas convicções, ser fiel é saber-se habitado por uma presença amorosa de Deus, "ser possuído", sentir-se "conquistado por Cristo Jesus" (Fl 3,12).

"Crer" é uma palavra que provém do latim *credere* (de *cor dare*), e significa "entregar o coração" a alguém. Por isso, crer em Deus significa abrir-se ao Mistério, intuir, ainda que de longe, sua intimidade, confiar nele, reconhecê-lo e senti-lo como o centro da existência, deixar-se transformar por Ele. Esse encontro, embora jubiloso, é frágil. Nessa experiência existem etapas e graus; existem progressos e retrocessos; existem crescimentos e apagões. Como qualquer encontro amoroso, é interminável. Quando alguém se encontra com Deus é para continuar buscando-o cada vez mais e com mais anseio e verdade. "Eu te saboreei, e agora sinto fome e sede de ti", dizia Santo Agostinho[116]. Não o buscaríamos se, de alguma maneira, não o houvéssemos encontrado. E, sobretudo, não o encontraríamos se Ele não estivesse nos buscando.

Pouco a pouco o fiel vai intuindo que é Deus que, no fundo, ainda que sem sabê-lo, está desejando seu coração. É Deus que começa

---

116. AGOSTINHO. *Confissões*, XXVII, 38.

a dar sentido a tudo, que vai preenchendo tudo com mais clareza, esperança e vida. Um Deus que não preenche o coração do ser humano não é um Deus em que se possa acreditar e confiar. E se a testemunha anuncia um Deus que não preenche seu coração, o que poderia estar anunciando? Seu testemunho não pode dizer muito, não pode comunicar algo novo e inconfundível. A quem isso poderia interessar?

c) Saber-nos amados por Deus

Mais do que dizer muitas coisas sobre a experiência cristã, o mais importante para o fiel é ver como se sente e se percebe a si mesmo nesse encontro com Deus, já que é isso que ele vai transmitir e proclamar aos outros. Em poucas palavras podemos dizer que a experiência da testemunha consiste em "viver *no* e *para* o amor"[117].

A testemunha não se sente mais perfeita do que os outros: melhor, mais sacrificada, mais disponível. O novo, o diferente, é que ela vive a experiência de saber-se amada incondicionalmente por Deus, e isso se torna visível. A novidade está em "viver no amor". O crente experimenta que o específico de Deus é o amor e, ao mesmo tempo, percebe que o ser humano foi feito para amar e ser amado: no fundo, o que é que eu busco definitivamente com meus esforços? O que as pessoas procuram? Afinal, o que é essencial, aquilo sem o qual já não é mais possível viver com sentido e alegria verdadeira? Se no encontro com Deus não experimentamos que Deus é amor, e se não me sinto a mim mesmo um ser amado de maneira incondicional, esse encontro se dá de maneira teórica, abstrata, vaga. A experiência vital é esta: não posso viver sem amor, e minha sorte está

---

117. GELABERT, M. *Valoración cristiana de la experiencia*. Op. cit., p. 171-174.

no fato de que em Deus eu encontro, como em nenhum outro lugar, amor, e somente amor.

Não se trata de expor teologicamente o amor de Deus, mas de perceber ou pressentir algo daquilo que significa a afirmação central da experiência cristã: "Deus é amor" (1Jo 4,8). Distraídos pela atividade e pelas preocupações de cada dia, não nos é fácil chegar às verdades mais basilares de nossa existência, entretanto, todos intimamente sabemos que não somos donos de nosso próprio ser: eu venho do desconhecido e caminho para o desconhecido. O Mistério me envolve por inteiro. A origem e o destino último de meu ser me fogem. Em Jesus Cristo vou descobrindo que esse Mistério silencioso, tremendo e fascinante ao mesmo tempo, é amor.

Paremos por um instante! Não é que Deus nos tenha amor; Deus é amor. Todo seu ser e seu agir é amor. De Deus só pode brotar amor. "Deus não sabe, nem quer, nem pode fazer outra coisa senão amar" (A. Torres Queiruga). Deus nos ama sempre; Ele nos ama desde sempre e para sempre. Ele é assim. Ninguém o obriga a fazê-lo, nada lhe é imposto de fora. Ele é o "eterno amante" (Bruno Forte). E jamais priva alguém de seu amor.

Em Deus o amor não é uma atividade dentre outras, mas sua atividade inteira consiste em amar. Se nos cria, é por amor; se intervém em nossa vida, é por amor; se nos julga, é somente por amor e com amor. A partir dessa fé a testemunha vai aprofundando uma experiência nova com Deus. Deus não é um ser "onipotente" e perigoso, que pode fazer comigo o que quer. Deus não pode tudo; só pode e quer amar-me. Deus não é "onisciente" para poder controlar-me dia e noite, em todas as partes, até o mais secreto de meu ser; Deus me penetra por inteiro porque ama todo o meu ser: nada fica fora de seu olhar amoroso.

No entanto, às vezes pode nos ocorrer algo de nefasto: confessamos que Deus é amor, mas logo projetamos sobre esse amor nossos fantasmas e nossos medos; recortamos e deformamos seu amor a partir de nossa mediocridade e de nossos receios; não nos atrevemos a acreditar que Deus é amor sem restrições, amor incondicional e indestrutível. Ou seja, esse amor parece tão "inacreditável", demasiadamente lindo para ser verdade. Por isso existem tão poucas testemunhas de Deus. Uma linguagem persistente e mal-entendida que continua falando-nos da "ira", dos "castigos" e do "juízo" de Deus nos faz ser prudentes. E assim vai passando por nossa cabeça a ideia de que Deus nos ama, mas desde que saibamos correspondê-lo. Dessa maneira acabamos entendendo e vivendo a experiência do amor de Deus como se Deus não fosse amor, mas alguém que ama como qualquer um de nós, inclusive exigindo mais do que nós mesmos exigimos.

Por isso, quando ouvimos falar da justiça de Deus, muitas vezes adotamos uma postura defensiva. Sempre tememos cair nas mãos da justiça, e mais ainda nas mãos da justiça divina. E acabamos esquecendo que a justiça de Deus é a justiça do amor, a justiça de alguém que só pode julgar com amor infinito. Ao julgar-nos, Deus não está submetido a nenhuma lei. Não é um juiz que distribui justiça atendo-se a algumas leis estabelecidas e exteriores a Ele. Deus somente se atém ao seu amor infinito, e não precisa justificar a ninguém o seu amor. Assim sendo, Ele é puro amor e graça. É diferente de cada um de nós. Por isso Paulo de Tarso diz que Deus é justo, pois "justifica o ímpio" (Rm 4,5). Ajustando-se ao seu amor, Deus transforma o pecador e o faz justo. Paulo chega inclusive a dizer que a justiça de Deus é um presente: "Temos recebido em abundância a graça e o dom da justiça" (Rm 5,17).

O mais decisivo e fundamental que a testemunha comunica é a experiência de ser amada incondicionalmente por Deus. Como o disse H. Urs von Balthasar: "O que mais a fé do cristão deveria chocar diante de quem não é cristão é esse poder de aventura que essa fé carrega em si"[118].

d) Poder viver amando

A testemunha vive sustentada por esse amor incrível de Deus, desfrutando desse amor. Sem esse amor sentir-se-ia vazia, faltar-lhe-ia justamente o que a faz viver. Inundada pelo amor de Deus ela pode amar; sentindo-se amada pode viver amando. Começa a entender com uma profundidade nova o mandato de Jesus: "Como o Pai me amou, eu também vos amei; permanecei no meu amor" (Jo 15,9). Muitas coisas podem ou devem ser feitas na vida, mas isto é o essencial: permanecer no amor. Viver *em* e *para* o amor. Como Jesus que, habitado pelo amor do Pai, não sabe fazer outra coisa senão amar, e amar inclusive aos que o estão crucificando: "Pai, perdoa-lhes porque não sabem o que fazem" (Lc 23,34).

O teólogo canadense B. Lonergan considera que crer é "estar apaixonado por Deus". Nada nos aproxima mais do núcleo central da fé cristã do que a experiência do apaixonar-se. Essa experiência nos resgata do isolamento, nos liberta dos medos, nos aproxima de Deus e nos faz viver amando. "Estar apaixonado por Deus é estar apaixonado sem restrição alguma. Todo amor é entrega de si mesmo, mas apaixonar-se por Deus é apaixonar-se sem limites, comparações, condições ou reservas"[119].

---

118. Von BALTHASAR, H.U. *Solo el amor es digno de fe*. Salamanca: Sígueme, 1990, p. 94.
119. Apud JOHNSTON, W. *Enamorarse de Dios* – Práctica de la oración cristiana. Barcelona: Herder, 1998, p. 124.

Todo apaixonado tende a viver na pessoa amada. Assim acontece também ao homem de fé, que de alguma forma chega a viver em Deus. Quando, habitado por esse amor, se sente atraído a viver amando sem restrições, é capaz de entender esse Deus que "faz nascer o sol sobre bons e maus e chover sobre justos e injustos" (Mt 5,45). O amor de Deus que experimenta em seu coração é o mesmo que vive, experimenta e dirige a toda pessoa que encontra em seu caminho, ainda que algumas vezes o faça de maneira pobre e insuficiente.

Para a testemunha de Deus o amor não é simplesmente uma lei ou um valor moral. O amor é a própria vida vivida de maneira autêntica e sadia. É a vida vivida a partir de sua verdadeira fonte e orientada positivamente para a sua verdadeira plenitude. Dito de outra forma: a força vital que circula por nosso ser buscando expansão e plenitude só é orientada de forma positiva e acertada quando impulsionada pelo amor e quando voltada para o amor. A vida é vida quando é vivida a partir do amor e para o amor.

Por isso, o amor reaviva a capacidade afetiva e a inteligência da testemunha, sua sensibilidade e vitalidade, seus gestos e sua palavra, sua personalidade inteira. A testemunha pode fazer ao longo do dia muitas e diferentes coisas, mas sempre está fazendo o mesmo: amando. O amor dá unidade à sua atividade, faz relacionar tudo à "fonte interior". O amor estimula o que há de melhor na pessoa, faz crescer suas energias, estimula sua criatividade, dá colorido à rotina diária, dá sabor interno ao que é feito. O amor enraíza a testemunha justamente no mais profundo de seu ser, que é Deus, mistério de amor.

3 Testemunha de uma nova vida

Avancemos mais um passo: O que é exatamente transmitido pela testemunha? A experiência de seu encontro com Deus? Parece que não, já que todo encontro interpessoal é, enquanto tal, incomunicável, não transmissível? Como dois apaixonados podem comunicar sua experiência amorosa a um terceiro? O mesmo acontece com a fé. De fato, eu apenas conheço a minha experiência com Deus, minha fé. Imagino que outros também vivem essa experiência, mas não a conheço. Pode ser semelhante à minha, mas também diferente.

A única coisa que a testemunha pode fazer é sugerir, indicar, atrair, convidar a outros a que façam a sua própria experiência. E o melhor convite é apresentar sua própria vida: uma vida atraente, interessante, nova, transformada, "salva". Sem dúvida, existem modos distintos de viver a fé, e nem todos são críveis, não todos transmitem a mesma força. Seria possível sugerir o estilo de vida de uma verdadeira testemunha?

a) Uma experiência de vida mais plena

O fiel, apaixonado por Deus, não apenas crê, ele quer crer, gosta de crer, sente-se bem crendo, pois experimenta Deus como "fonte de vida". Outros entendem e vivem a experiência de Deus de outra maneira; a tradição teológica fala de Deus de diferentes formas. Também a testemunha conhece palavras, conceitos, símbolos que falam de diversos aspectos da divindade. Entretanto, quem vive animado pelo Espírito de Jesus vai sentindo cada vez mais e com mais força que é Jesus quem o faz viver e a partir da certeza de que "Eu vim para que todos tenham vida, e a tenham em abundância" (Jo 10,10). Sua experiência mais decisiva de Deus talvez possa ser expressa assim: "Estás muito presente em minha vida, mas sinto também sua ausência; conheço tua presença inconfundível, mas és um Deus oculto; está dentro de mim, mas me transcendes; Tu és o meu Deus. Para além disso pouco sei de ti. Só sei que me amas e me fazes viver. Por isso te procuro e te encontro em Jesus, melhor do que em qualquer outro ser".

Junto a essa experiência de saber-se amado, o fiel vive a experiência de ver-se reafirmado na vida: meu ser vacilante, frágil e mutante, cheio de medos, fantasmas e inseguranças, sempre ameaçado pela solidão e pela decepção, ferido pela humilhação do pecado e pela culpabilidade, sem poder fugir do envelhecimento e da morte, este meu ser faminto de vida, só em ti, meu Deus, encontra paz, segurança, dignidade, luz, liberdade, verdade! Não são palavras; é experimentar Deus como um ser vivo e que dá vida. Quando, de alguma maneira, ainda que muito humilde e pobre, Deus não é experimentado assim, Ele se converte em algo postiço, adicionado artificialmente à vida, alguém de quem não podemos ser testemunhas, mas apenas conhecedores ou pregadores.

Esse Deus não pede que me afaste da vida para encontrá-lo, não me exige renunciar a nada que seja humano para ser seu, não tem ciúme de minha felicidade, não me pede para sacrificar o belo da vida, não gera desconfiança diante do prazer, não me afunda na culpabilidade. A verdadeira glória de Deus é um ser humano cheio de vida[120]. O que lhe agrada é ver-nos vivendo de maneira digna e feliz.

A pegada mais clara, o indício mais fidedigno desse Deus na existência da testemunha é que Ele transforma sua vida e a faz mais digna e mais alegre em qualquer situação: na felicidade e na dor, na saúde e na doença, na amizade e na solidão, na inocência e na culpabilidade, na vida e na morte.

---

120. Recordemos o conhecido aforismo de Santo Irineu de Lyon já citado: *Gloria Dei, vivens homo.*

b) O testemunho da própria vida

O que o fiel apresenta, pois, como testemunho de Deus, é a vida. E o mais decisivo nesta vida não é propriamente a santidade moral, mas a atitude diante de Deus, a orientação para o amor, as marcas que Deus vai deixando nessa existência. Na testemunha marcada por Deus vão emergindo algumas atitudes que todos podem perceber, que nada mais são senão as atitudes de Jesus, "a testemunha fiel" (Ap 1,5). Assim as percebe J.-P. Jossua: "Atitudes de que gosto, sobre as quais gostaria de estabelecer minha vida e que estou persuadido que despertam em meu íntimo muito mais alegria do que suas contrárias. A fraternidade, a doçura, a serenidade, o perdão, a paz contagiosa, a pureza de um coração sem inveja, o cuidado pela dignidade humana e pela justiça... me parecem representar o que de melhor existe nesta terra"[121].

A testemunha é percebida como alguém que vai configurando sua vida enforcando-se, ainda que de maneira modesta e humilde, para seguir os passos de Jesus: sua acolhida incondicional de todo ser humano, e de maneira preferencial o pequeno e desvalido; sua compaixão com qualquer desgraça e sofrimento; sua paixão em defender acima de tudo a dignidade da pessoa; sua luta apaixonada por tudo o que é digno e justo; sua esperança inquebrantável, sem falsas ilusões; sua benevolência para com o estranho e o diferente; sua paixão pela verdade, por essa capacidade de ir ao essencial e de não perder-se nos formalismos e legalismos enganosos; sua liberdade para fazer o bem; sua maneira de buscar e salvar o que parece perdido; seu desejo de infundir confiança e libertar dos medos; seu abandono total nas mãos do Pai. Na essência dessa vida está Deus;

---

121. JOSSUA, J.-P. *La condición del testigo*. Op. cit., p. 53-54.

na essência de quem segue a Jesus pressente-se uma presença de Deus como Boa Notícia para todos.

c) Um estilo de comunicar vida

A testemunha não somente apresenta sua vida, ela o faz comunicando-a. Por isso não vive ilhada em seu mundo, fechada em seus pequenos interesses. A testemunha vive acompanhando, escutando, comunicando, compartilhando. Mas deixa de sê-lo à medida que vai perdendo sua força comunicativa.

A testemunha não é um estranho, é uma pessoa profundamente humana que não se preocupa muito se suas mãos estão vazias ou cheias. Ela vive amando e buscando o bem para todos de forma simples e gratuita, sem inquietar-se se não vê frutos ao seu redor. A testemunha tem sua vida ocupada com os outros. Seu exemplo contagia, ainda que não seja essa a sua primeira preocupação. A testemunha interpela com sua presença sem incriminar, e assim convida, anima e acompanha na construção de uma vida melhor. Tudo o que faz mal à vida, à dignidade e à paz das pessoas é parte integrante de suas preocupações. Por isso ela ajuda a recuperar a dignidade perdida, emana confiança, esconjura os medos, contribui para que a paixão pela vida supere o pessimismo e o desânimo. A testemunha ensina a viver buscando Deus.

Num mundo onde se fala da ausência de Deus, a testemunha atesta que algo tem sabor de Deus e indica sua presença, que algo tem sabor humano e remete assim ao amor. Num mundo aparentemente satisfeito, mas "sedento do mistério", a testemunha indica alguns "caminhos" para essa "fonte" que sacia a sede de felicidade plena presente em cada ser humano. Num mundo marcado pela ciência, pela técnica e pela informática, mas no qual ainda persiste a sede do "sagrado", a testemunha indica que o mais sagrado é o ser humano ferido pelo mal. Num mundo onde se acusa a Deus pelo mal que existe, a testemunha faz ver com sua vida que Deus está onde há sofrimento e luta contra o sofrimento: nas vítimas, sustentando a vida e a dignidade; nos que lutam contra o sofrimento estimulando-os no combate.

d) Uma vida que desperta interesse

Essa forma de viver e de gerar vida pode despertar interesse e tornar mais crível a fé, pois Deus começa a interessar à medida que se intui que Ele responde aos anseios do coração humano. As pessoas se interessam por alguma coisa quando sentem que nela existe algo que estão buscando. A vida da testemunha desperta interesse quando nela é possível perceber uma clara orientação de vida, uma alegria, uma força interior que aponta para um Deus que responde ao nosso desejo mais profundo, que é "a alegria de viver", e não para um Deus que gera insegurança, medo, culpa, ou que asfixia a vida.

É decisivo ver se o Deus intuído na vida da testemunha gera vida ou a sufoca. Pois, como afirma José Maria Castillo, um Deus que não ajuda a viver de maneira feliz e digna,

> por mais que nos digam que Ele é bom, que nos quer bem e que é Pai, é um Deus inaceitável e até insuportável, ao menos para muita gente, visto que todo ser humano quer ser feliz. E o desejo de felicidade é o anseio mais profundo que qualquer pessoa traz inscrito em seu coração. De forma que, atentar contra a felicidade de viver [...] é a agressão maior que se pode cometer contra o ser humano, seja ele quem for. No entanto, quando se percebe que Deus pode ser uma ameaça, uma proibição constante, uma carga pesada, uma censura do

que se faz ou se deixa de fazer, enfim, algo ou alguém que nos complica a vida mais do que ela já é (e já é muito), então é possível compreender por que tantas pessoas prescindem de Deus, não querem saber nada desse assunto ou inclusive rechaçam abertamente tudo o que se refere a Deus, à religião e aos seus representantes neste mundo. Um Deus que é percebido como um problema, como uma dificuldade ou como um conflito para nossa felicidade, por mais argumentos divinos e humanos que lhe atribuamos, é e sempre será um Deus inaceitável e inclusive detestável, ainda que muitos não se atrevam a falar assim[122].

A vida da testemunha poderá despertar interesse se demonstrar que, para ela, Deus não é um problema, uma dificuldade, um estorvo para ser feliz; mas, ao contrário, o melhor que ela encontrou para viver bem, intensamente, sem medos, de maneira livre e prazerosa.

4 Humildade da testemunha

Não devemos confundir a testemunha autêntica com a testemunha espetacular. A testemunha não é uma vedete. Sem dúvida existem pessoas excepcionais, fortes e atraentes (Martin Luther King, Oscar Romero, o Abbé Pierre, Madre Teresa de Calcutá). Esses são os santos, cuja vida idealizada pela tradição pode atrair e convidar a fazer a experiência de Deus. No entanto, o que faz com que a experiência cristã vá se comunicando de geração em geração são as "pequenas testemunhas", simples, discretas, conhecidas somente em seu entorno, pessoas profundamente boas e cristãs.

---

122. CASTILLO, J.M. *Dios y nueva felicidad*. Bilbao: Desclée de Brouwer, 2001.

É perigoso falar de "testemunhas profissionais". Pode ser uma falsa ilusão pensar que a "vida consagrada" ou o "ministério presbiteral" façam automaticamente do religioso, da religiosa ou do presbítero uma "testemunha de Deus". A capacidade da testemunha e sua credibilidade provêm de sua pessoa e não tanto de sua função ou estado de vida.

a) A partir da fraqueza

Ser testemunha é uma graça e uma exigência. Não temos razões para orgulhar-nos nem nos gloriar de nada. A verdadeira testemunha se alegra em sua própria experiência e não se deixa levar por falsos aplausos.

Entretanto, a verdadeira testemunha tem consciência de suas limitações e fraquezas. O que acabamos de dizer da testemunha não deve nos levar a um idealismo, pois somos testemunhas sem deixar de sermos fracos e pecadores. Nunca estamos à altura do que anunciamos. Não podemos legitimar nossa palavra com nossa santidade pessoal nem com a da Igreja. Nossa experiência de Deus "a trazemos em vasos de barro, para que este poder extraordinário seja de Deus e não nosso" (2Cor 4,7). Por outro lado, nossas fraquezas ou pecados tampouco são um sinal decisivo contra nós. A força da testemunha está em sua vontade sincera de viver a partir da fé e do amor. Deus encontrará seu caminho em cada pessoa. O que a testemunha não deve fazer é viver tensa e inquieta.

Não esqueçamos, além disso, que o testemunho de cada um é parcial e fragmentado. Outras testemunhas poderão complementá-lo e ampliá-lo. Em alguns aparecerá mais a solidariedade com os fracos e excluídos; em outros, a alegria e a esperança; em não poucos, a oração, a acolhida ou a luta pela justiça. A testemunha não deve forçar sua própria personalidade; o importante é testemunhar o essencial.

Às vezes a testemunha se sente cercada pela indiferença ou rejeição. De fato, hoje o testemunho do cristão mal encontra apoio social ou cultural. O pluralismo atual convida ao relativismo, à desconfiança e a uma forma de vida excêntrica: nesse contexto a força da testemunha parece diluir-se e perder-se. Essa "nudez" é dura, mas quase sempre permite à testemunha oferecer seu testemunho com menos ambiguidade e sem apoios socioculturais em sua experiência de manifestar a presença de Deus em sua vida.

b) Testemunhas do Mistério

A verdadeira humildade e fragilidade da testemunha é também consequência, sem dúvida, do fato que Deus é Mistério. O que o fiel busca testemunhar é algo que o supera e o transcende; é algo que não pode demonstrar a ninguém, apenas sugerir, sinalizar, convidar. Deus é sempre um Deus escondido que se revela ocultando-se, presença que nos transcende. Por isso, "Deus é sempre uma vivência, jamais uma possessão"[123]. Seu Mistério de amor nos atrai, buscamo-lo, nele nos abandonamos, mas sem poder vê-lo "face a face". Assim fala Jó da presença de Deus: "Se Ele passa perto de mim não o vejo, se vai embora não o percebo" (Jó 9,11).

No entanto, a testemunha vive essa experiência insondável com alegria interior, pois o Mistério de Deus é um Mistério próximo. Deus não é uma vastidão que se dissipa no enigma total; é Mistério que envolve meu ser e me invade, Mistério que envolve a vida, as

---

123. GELABERT, M. *Salvación como humanización* – Esbozo de una teología de la gracia. Madri: San Pablo, 1985, p. 56.

coisas, o mundo. A vida flui nele, abarcando a criação inteira. Ela vive em Deus.

Não é a separação, mas a comunhão e a proximidade total que nos faz viver no mistério de Deus. "Sua presença é tão próxima, sem distância, que é possível perder a perspectiva e não vê-la"[124]. Essa transcendência de um Deus imanente e próximo não leva ao esquecimento, mas intensifica o desejo e a busca; é uma proximidade que faz crescer o anseio e a relação amorosa.

A testemunha sabe que só de maneira simbólica pode tornar presente esse Deus. Os símbolos, os gestos, as palavras, são "sinais humildes" que podem convidar a ir além, a buscar com mais profundidade. Por isso a testemunha se aproxima, acolhe, acompanha, abraça, perdoa, se compadece, sabendo que, apesar de seu pecado e fraqueza, sua vida e sua pessoa podem ser para alguém "símbolo" da presença de Deus.

5 A linguagem da testemunha

Evidentemente, a palavra mais importante da testemunha de Deus é sua própria vida. Entretanto, nem por isso ela renuncia a falar de Deus, tampouco deixa de dialogar com Ele. Com que palavras, com qual linguagem podemos falar de Deus e com Deus?

a) A palavra da testemunha

Em primeiro lugar, sempre é bom lembrar que nossas palavras jamais esgotam a realidade de Deus. Tampouco as fórmulas dogmáticas. Por mais perfeitas que possam ser, elas jamais definem ou

---

124. Ibid., p. 55.

delimitam o mistério de Deus. Apenas orientam e apontam para ele. Deus sempre é maior do que nossas palavras; nós cremos em Deus, não em nossas formulações humanas sobre Ele. A testemunha comete um erro ao pretender impor uma formulação ou ao se perder em infinitas e infrutíferas discussões teológicas.

A Primeira Epístola de Pedro é clara a esse respeito: "Guardai santamente nos corações a Cristo Senhor, e estai sempre prontos para responder àqueles que perguntarem pelo motivo de vossa esperança. Mas fazei-o com mansidão, respeito e de boa consciência" (1Pd 3,15-16). Não se trata de oferecer resposta às perguntas que nos podem fazer de caráter teológico ou doutrinal, mas de dar as razões de nossa esperança, isto é, daquilo que anima e ilumina a nossa vida. A testemunha não tem motivo de sentir-se em apuros por julgar-se incompetente em suas respostas doutrinais ou teológicas. Evidentemente, ela pode buscá-las, aprendê-las, incorporá-las. Mas o mais importante é mostrar que sua alegria e esperança de viver, bem como seu dinamismo, procede da própria experiência pessoal com o Deus de Jesus Cristo. Trata-se de uma esperança que deve ser manifestada com "doçura e respeito", sem imposições, sem superioridade, sem desprezar os que não compartilham da mesma fé[125].

A linguagem da verdadeira testemunha é humilde. Ela não busca testemunhar Deus com expressões rebuscadas, pois sabe que dar testemunho de Deus não consiste nisso. As metáforas mais pomposas não o esgotam; as concepções mais sublimes podem ser enganosas. A testemunha evita termos e expressões que dele não dizem nada. Tampouco usa uma linguagem que não responda à sua

---

125. SCOUARNEC, M. *La foi, une affaire de goût*. Paris: Les l'Atelier, 2000, p. 151-160.

própria experiência, à sua vivência pessoal ou que distorça sua experiência de Deus.

b) Falar de Deus

Para falar de Deus como testemunha não basta usar uma linguagem ortodoxa. É necessário, além disso, que essa linguagem "toque" as pessoas, sintonize com a experiência real delas, alcance o ser humano naquilo que é vital para ele. Urge evitar rejeições que possam levar a mal-entendidos falando de modo que a experiência de Deus possa ser mais bem compreendida e intuída. Não é de bom tom deter-se sempre nas formulações mais seguras, pois, de fato, elas podem não dizer nada às pessoas. A linguagem da testemunha tende a ser incisiva e atual, e não inócua e anacrônica. Às vezes me pergunto por que muitas vezes a linguagem de Jesus é mais viva, direta e atual do que nossa linguagem eclesiástica. É que Ele sempre partia do real. Uma verdadeira testemunha, que vive em busca de Deus, sente sempre de novo a necessidade de encontrar uma nova linguagem para a sua fé.

Por outro lado, vale lembrar que nem tudo tem a mesma importância na fé cristã. O Concílio Vaticano II falou de uma "hierarquia de verdades" (*UR* 11). Nestes momentos de crise religiosa precisamos centrar-nos no essencial, mas sabendo que nem sempre o que a teologia evidencia coincide com o que mais pode "dizer" às pessoas de hoje. A testemunha se preocupa em falar, sobretudo, daquilo que, sendo essencial, pode interpelar e aproximar mais e melhor da experiência de Deus.

Para tanto é necessário cuidar e purificar nossa linguagem acerca de Deus a fim de que sobressaia a Boa-nova para o homem e a mulher de hoje. Uma apresentação inadequada de Deus criador pode fazer pensar num Deus ciumento de seu poder, ditador arbitrário de toda sorte de leis e proibições. Uma palavra ambígua sobre a redenção como expiação do pecado pelo Crucificado pode levar a intuir um Deus justiceiro que só sabe perdoar quando sua honra for satisfeita e sua ira aplacada. Uma linguagem inapropriada sobre Deus onipotente pode sugerir um Deus inaceitável e perigoso para a autonomia e a liberdade do ser humano.

c) Rumo a uma linguagem diferente sobre Deus

De forma geral podemos dizer que na consciência de muitas pessoas ainda existe estampada a imagem de um Deus supremo, Senhor onipotente e sempiterno, Rei soberano, Juiz dos vivos e dos mortos. Esse Deus que por muito tempo atemorizou a muitos, hoje não assusta mais, mas tampouco atrai. Não é fácil apaixonar-se por um rei soberano, por um juiz supremo ou por um ser todo-poderoso.

Sem trair o verdadeiro conteúdo de sua fé, a testemunha vai elaborando em sua experiência uma linguagem que mostra um Deus-Amor (1Jo 4,8). Sem qualquer pretensão de definir seja lá o que for, vou sugerir uma linguagem marcada por uma orientação que hoje pode encontrar mais eco e ser mais bem-acolhida.

Por que não falar mais de um Deus amigo, apaixonado por suas criaturas, um Deus amante que não deve nem quer nem pode fazer outra coisa senão amar, pois seu ser mais profundo é amor, um Deus feliz por amar suas criaturas?

Por que não lembrar um Deus servidor humilde de suas criaturas, que não busca "ser servido, mas servir", um Deus cujo único interesse é ver-nos vivendo de maneira digna e feliz, convivendo como irmãos que cuidam uns dos outros?

Por que não admirar mais um Deus grande que não cabe em nenhuma religião e em nenhuma Igreja, pois habita em todo coração humano e acompanha cada pessoa em suas alegrias e desgraças, em seus sucessos e tribulações?

Por que não falar de um Deus que não deixa ninguém sozinho e tem seus caminhos para encontrar-se com cada criatura, caminhos às vezes até diferentes dos propostos pela Igreja?

Por que não pensar mais num Deus que ama o corpo tanto quanto a alma e o sexo tanto quanto a inteligência, um Deus que adora ver seus filhos e filhas cheios de vida, desfrutando de sua criação?

Por que não lembrar mais de um Deus que sofre na carne dos famintos e miseráveis da terra, um Deus que está nos oprimidos, sustentando sua dignidade, e nos que lutam contra a opressão, dando forças ao seu esforço libertador?

Por que não ouvir mais um Deus que vai despertando sempre mais nossa responsabilidade e que eleva a nossa dignidade, um Deus que está conosco para "buscar e salvar" o que nós tantas vezes arruinamos e deixamos perder?

Por que não esperar em um Deus que nos liberta dos medos e desde já quer o bem-estar de todos; um Deus que, longe de provocar angústia diante da morte, abraça com ternura cada pessoa enquanto agoniza, resgatando-a para sempre para a vida que nunca acaba; um Deus cujo encontro neste mundo e em nosso próprio coração é uma sorte ímpar.

6 A testemunha no meio da descrença

O fiel se encontra hoje convivendo com pessoas que não compartilham sua fé. Estão inclusive entre seus familiares e amigos.

A indiferença ou a incredulidade é âmbito em que ordinariamente se movem hoje muitos conhecidos nossos com os quais até bem pouco tempo nos encontrávamos na celebração eucarística dominical.

a) Aprender dos descrentes

Com frequência os cristãos falam do testemunho que devem dar no interior desta sociedade descrente, mas muitos deles não têm a atitude de ouvir ou não se deixam ensinar pela vida daqueles que não compartilham mais da mesma fé. Parecem estar dizendo que não têm nada a aprender dos descrentes. Os que realmente possuem o Espírito de Deus sempre buscam respeitar, crescer e aprender com o diferente.

A primeira lição que os afastados da fé nos ensinam é que Deus não é uma evidência, mas um Mistério jamais definitivamente compreendido ou possuído. Com suas perguntas e suas críticas eles podem nos estimular a rever a imagem que fazemos de Deus. Eles nos tornam mais humildes, já que ajudam a não confundir Deus com o que pregamos sobre Ele. Junto aos descrentes é fácil sentir que Deus é um Mistério maior do que todos os nossos argumentos e teologias.

Os descrentes também me convidam a criticar as representações interesseiras de Deus. Vejo que eles negam ou duvidam de Deus; mas, por outro lado, não o instrumentalizam. Com isso nos recordam que não devemos manipular o mistério de Deus subordinando-o aos nossos pequenos interesses. Deus não é um remédio fácil que está aí para resolver nossos problemas ou oferecendo-nos uma resposta totalmente cômoda. Ele não aceita ser usado levianamente ou de qualquer maneira. Os descrentes me obrigam a perguntar em qual Deus de fato eu creio. Creio no Deus do amor, da justiça e da vida? Será que, de fato, o Deus dos pobres e desvalidos, o Pai defensor dos humilhados realmente me seduz? Creio em Deus acima de todas as coisas?

Os distanciados da prática religiosa me estimulam a buscar Deus com mais transparência. Conhecendo a luta interior, o desejo de verdade e a busca sincera de muitas pessoas, posso perceber que o Espírito de Deus está presente no coração humano e tem seus caminhos para atraí-lo para seu Mistério. Eles lembram que a fé é busca, pergunta e desejo, mais do que possessão tranquila e rotineira. Por isso podemos nos sentir à vontade junto aos descrentes que também buscam a verdade e o sentido da própria vida.

Os descrentes nos obrigam a buscar uma linguagem mais simples e acessível, menos vazia de experiência e de vida. Os clichês, as frases eruditas, a repetição de fórmulas dogmáticas, a recitação do credo, as referências bíblicas desgastadas... não bastam para comunicar e transmitir a experiência de Deus.

b) Algumas atitudes básicas

Para sermos estimulados e enriquecidos pelos descrentes devemos adotar algumas atitudes básicas. A primeira é levar a sério a postura do outro, do diferente, do afastado. Compreender sua posição. Nós o chamamos de "descrente"; mas, de fato, trata-se de uma pessoa com suas próprias convicções. Por isso, antes de rotulá-lo devemos entender de maneira positiva sua posição. Para nós, viver abertos a Deus de forma confiante representa a resposta mais acertada ao mistério da vida. O descrente, no entanto, é um irmão e amigo que Deus acompanha com amor infinito por outros caminhos.

Sua postura merece respeito. Minha reação não pode ser a de tentar anular a todo custo as diferenças ou tentar desqualificar sua posição como fruto do orgulho, da má-fé ou do pecado, nem tentar enfraquecer as razões da descrença por ele apresentadas. Minha intolerância com o diferente não é sinal de fé profunda: pode ser indício de insegurança, fraqueza e pouca fé. Quem vive profundamente enraizado na experiência de Deus é tolerante e compreensivo, não precisa defender-se, não teme perder nada.

Vale igualmente tentar compreender as razões da rejeição da religião e da Igreja. Nós, cristãos, às vezes costumamos falar de um cristianismo ideal, mas eles olham para um cristianismo real, que foi se desenvolvendo e sendo apresentado ao longo da história, e que ainda hoje veem sendo reproduzido em muitos setores eclesiais. Se realmente estamos dispostos a conhecer melhor a nós mesmos, é bom ouvir suas críticas e juízos e tentar perceber a imagem que eles têm de nós mesmos: às vezes nos veem como idealistas, ingênuos, insuficientemente livres para pensar por nossa própria conta, tímidos nos questionamentos de nossa própria fé, freados pela hierarquia, incapazes de livrar-nos de "dogmas inacreditáveis". Ao ouvi-los não é difícil perceber que em nós mesmos habita o "crente" e o "descrente", cuja linha divisória é difícil de traçar.

O que sempre podemos compartilhar é a experiência humana, o nosso desejo comum de paz e de justiça, a dor diante dos que sofrem violência, fome e miséria. É igualmente possível intuirmos o modo com eles veem a vida, suas razões de viver, suas lutas e esperanças. E logo nos damos conta de nosso grave erro de pensar que os cristãos possuem o monopólio do amor solidário e a generosidade ou a paixão pela justiça e pela liberdade.

c) O espírito de diálogo

Não parece supérfluo acrescentar ainda alguns aspectos relativos à prática concreta do diálogo. Não falo de estratégias, mas do espírito que deve animar a testemunha que se quer animada pelo Espírito de Jesus. A atitude básica no diálogo é o amor. É a partir dessa experiência que a testemunha deve viver sua aproximação do outro. O diálogo se torna impossível se não amamos o homem e a mulher de hoje como são, com suas fraquezas e contradições, com suas interrogações e buscas. Dialogar é uma forma de amar.

Dialogar significa concretamente compartilhar uma busca comum do mistério de Deus que ultrapassa a todos. No diálogo cada um aporta suas experiências, convicções, interrogações, dúvidas e desejos. Cada um dialoga a partir de sua própria fé ou de sua própria posição, sabendo que é sempre uma aproximação parcial e fragmentada da verdade última.

Dialogar significa escutar a verdade do outro, abrir-lhe um espaço em minha consciência, deixar-me interpelar não tanto sobre a fé, mas sobre a minha fé, a que realmente anima a minha vida. O diálogo começa quando estou convencido que tenho algo a aprender do outro. Caso contrário, tudo pode resumir-se em estratégias. O diálogo é possível quando me aproximo do outro em atitude sincera de confiança.

No verdadeiro diálogo a testemunha se implica, confessa sua própria fé, fala na primeira pessoa, sem necessidade de estar apelando para a doutrina dogmática ou para o magistério da Igreja. Por outro lado, o diálogo supõe um certo despojamento, pois aceito o olhar do outro sobre mim. O diálogo não evita questões difíceis e problemáticas que podem nos deixar calados: o sofrimento do inocente, a força do mal, a morte. Por outro lado, no diálogo se abordam as questões vitais que afetam o ser humano. Não deveríamos esquecer as palavras de Simone Weil: "Quando quero saber se alguém é crente, não ouço primeiro o que me diz de Deus, mas como me fala do homem".

Reflexão

1) A partir de fora: o que é que mais se valoriza hoje nos cristãos praticantes? O que mais se critica? Estamos de acordo com essa imagem que fazem de nós?

2) Por que muitos escondem sua fé ou ao menos não a confessam diante dos outros? Por respeito, para não se sentir mal, por pouca estima de sua fé?

3) Conhecemos cristãos convencidos e que testemunham a própria fé em Deus? O que é que eles mais valorizam em sua vida?

7
Recuperar a espiritualidade de Jesus

O percurso que pretendo fazer neste capítulo é muito simples. Sublinharei em primeiro lugar algumas características da cultura moderna do ruído e a superficialidade. Em segundo lugar buscarei desenhar o perfil do homem vazio e superficial que a sociedade moderna tende a gerar. Em seguida deter-me-ei na surdez que produzem o ruído e a superficialidade de nossos dias para escutar a Deus. Depois buscarei entender o silêncio como caminho para Deus. Por fim, sublinharei a importância de cultivar uma espiritualidade enraizada em Jesus.

1 Cultura do ruído e da superficialidade

Não é minha intenção estudar a cultura moderna do ruído e da superficialidade analisando suas raízes, sua evolução atual ou suas perspectivas de futuro. Limitar-me-ei a sublinhar algumas de suas características fundamentais para descrever o perfil do homem ruidoso e superficial que tende a gerar a sociedade moderna.

a) A explosão das mídias e a comunicação informática

As mídias, na sociedade moderna, se converteram no instrumento mais poderoso da socialização dos indivíduos. Já conseguiram substituir em grande parte a família, a escola, a Igreja ou os partidos políticos em termos de instância de criação e de transmissão de cultura. Sem dúvida muitos são os seus efeitos positivos tanto de ordem informativa quanto cultural e social, mas não se deve esquecer sua capacidade de gerar uma sociedade ruidosa e superficial.

A invasão das mídias oprime os indivíduos, e a rapidez como que se sucedem as notícias impede qualquer reflexão mais calma. O indivíduo vive saturado de informação, reportagens, publicidade e propagandas. Sua consciência é cooptada por tudo e por nada: estimulada por toda sorte de impressões e impactos e, ao mesmo tempo, indiferente a quase tudo. As mídias oferecem, por outro lado, uma visão fragmentada, descontínua e pontual da realidade, que torna muito difícil qualquer síntese. Informa-se sobre tudo, mas quase nada é solidamente assimilado. Esse tipo de informação, ao contrário, tende a dissolver a força interior das convicções, atraindo os indivíduos a viverem mais "para fora".

É altamente significativo o impacto da televisão. Em poucos anos ela se converteu numa "grande fábrica de consumo social" e de alienação massiva. Ela dita as ideias e convicções, os centros de interesses, os gostos e as expectativas das pessoas. A partir da telinha se impõe a imagem da vida que devemos ter e as crenças que precisamos alimentar[126]. Por outro lado, a televisão produz imagens e encurrala conceitos, desenvolve o puro ato de olhar e atrofia a capacidade de reflexão, dá primazia ao insólito sobre o real e ao espetáculo sobre a meditação[127]. Cada vez mais a televisão busca distrair, impressionar, manter a audiência. Busca-se a emoção ao vivo, a novidade do inesperado, o sensacional. Na sociedade dos *mass media*

---

126. GUBERN, R. *El simio informatizado*. Madri: Eundesco, 1987.
127. SARTORI, G. *Homo videns* – La sociedad teledirigida. Madri, Taurus, 1998.

propaga-se toda sorte de imagens e dados, nela as consciências se entopem de notícias e informação, entretanto diminui a atenção ao interior e decresce a capacidade de interpretar e de viver a existência a partir de suas raízes. Ouve-se toda sorte de palavras e mensagens, mas mal se ouve o mistério do próprio ser. O indivíduo passa muitas horas diante da televisão, mas pouco medita e tampouco desce ao centro do próprio coração.

Por outro lado, o desenvolvimento da telefonia móvel e a comunicação informática nos introduziram de maneira acelerada numa cultura nova onde se impõe o virtual e a multiplicidade de contatos, sem que possamos verificar ainda de maneira adequada suas possibilidades e seus riscos. A partir da perspectiva desta reflexão, apenas apontarei que o mau uso no acesso, na participação e na interação, sobretudo na internet, cria dependências cada vez mais graves. Não são poucas as pessoas que vão se isolando de seu entorno real, dispersando sua atenção nas mil formas e atrativos do mundo virtual. Por outro lado, o anonimato e o falseamento da identidade estão propiciando cada vez mais enganos, chantagens, invasões da vida privada, manipulação das pessoas, difusão da pornografia... Como é evidente, quem se deixa absorver pelo virtual dificilmente dedicará maior atenção a outras dimensões da pessoa, como a relação amorosa, a vida interior, a responsabilidade, a busca de sentido ou a espiritualidade.

b) Hipersolicitação e sedução permanente

Por um lado, uma das características mais visíveis da sociedade de consumo é a profusão de produtos, serviços e experiências. A abundância situa o indivíduo diante de múltiplas possibilidades. É cada vez maior a gama de produtos e modelos expostos nos centros comerciais e hipermercados. Os restaurantes especializados oferecem toda sorte de menus e combinações. Podemos escolher um número quase ilimitado de canais de televisão. As agências propõem uma infinidade de tipos de viagens, experiências e aventuras. É possível comprar todo tipo de obras de divulgação ou revistas especializadas. A hipersolicitação, a estimulação de necessidades, a profusão de possíveis opções já fazem parte da sociedade moderna.

Não é só isso. A sedução está se convertendo em fator que tende a regular o consumo, os costumes, a educação e a organização da vida. É a nova estratégia que parece reger o todo[128]. O indivíduo não é somente solicitado por enésimos estímulos. Tudo lhe é sutilmente apresentado como tentação e proximidade. Tudo é possível. É preciso saber desfrutar.

Essa lógica sedutora e hedonista tende a privilegiar o corpo e os sentidos, não o espírito ou a vida interior. O corpo, com seu cortejo de solicitações e cuidados, se converte em verdadeiro objeto de culto. Cuida-se da higiene, da estética e do peso; vigia-se a manutenção do físico: exames, massagens, sauna, esporte, *footing*. Nada é demais. O corpo deve ser valorizado, cuidado, sentido, exibido, admirado. Entretanto, quando se esquece a dimensão espiritual da pessoa, pode-se engendrar uma existência vazia e superficial, e então a aparência se sobrepõe ao essencial.

c) O império do efêmero

O título acima é o nome de um conhecido estudo do professor de Grenoble, Gilles Lipovetsky, sobre a moda e o espírito de nossos

---

128. LIPOVETSKY, G. *La era del vacío*. Op. cit., p. 17-48.

tempos[129]. A sociedade moderna é dirigida pela moda, não pela religião, pelas ideologias ou pelos ideais políticos. Ela é o princípio que organiza a vida cotidiana dos indivíduos e dita a produção sociocultural. Ela determina as mudanças de gostos, valores, tendência e costumes. Segundo Lipovetsky, vivemos numa época de "moda total".

Falar em "moda", no entanto, é falar em institucionalização do consumo, em sedução dos sentidos, em variação rápida de formas, em proliferação de novos modelos, em criação em grande escala de necessidades artificiais, em organização social da aparência, enfim, em generalização do efêmero. Dessa forma, cultiva-se mais o gosto pelo novo e pelo diferente do que pelo verdadeiro e bom. E assim as consciências vão se moldando sob o império do superficial e caduco.

A ditadura da moda cria um modo de vida que oscila ao sabor da mobilidade e da mudança permanente. Troca-se de televisão ou de carro, mas também de parceiro e maneiras de pensar. Cresce a inconsistência e a frivolidade. O imediato prevalece sobre o constante. Vive-se a ideologia do espontâneo. Nada permanece. Nada cria raiz. Decresce a paixão pelas grandes causas e cresce o entusiasmo pelo passageiro. Escravas do efêmero, as pessoas sentem dificuldades de conhecer algo de firme e consistente sobre o qual possam construir suas existências.

A cultura moderna se converte assim numa cultura da "intranscendência", que prende a pessoa ao aqui e agora, fazendo-a viver somente para o imediato, sem necessidade de abrir-se ao mistério da transcendência. Uma cultura do "divertimento" que arranca a pessoa de si mesma, fazendo-a viver no esquecimento das grandes questões que o ser humano carrega em seu coração. Contra a máxi-

---

129. LIPOVETSKY, G. *El imperio de lo efímero*. Op. cit.

ma de Santo Agostinho, "Não sai de ti mesmo, pois em teu interior habita a verdade", o ideal mais generalizado hoje é o de viver fora de si mesmo[130].

d) A fuga para o ruído

Não é fácil viver o vazio que cria a superficialidade da sociedade moderna. Sem vida interior, sem meta e sem sentido, o indivíduo fica à mercê de toda espécie de sensações passageiras, desguarnecido diante do que pode agredi-lo interna ou externamente. É normal então que busque experiências que preencham seu vazio ou o tornem mais suportável. Um dos caminhos mais fáceis de fuga é o ruído.

Vivemos na "civilização do barulho"[131]. Pouco a pouco, o barulho foi se apoderando das ruas e dos lares, dos ambientes, das mentes e dos corações. Existe, em primeiro lugar, um ruído externo que contamina o espaço urbano, gerando estresse, tensão e nervosismo. Um ruído que é parte integrante da vida moderna, distanciada cada vez mais do encontro sereno com a natureza. A sociedade do bem-estar decidiu lutar contra esse ruído privilegiando o silêncio, tomando medidas mais estritas para fazê-lo respeitar, isolando acusticamente as moradias ou promovendo o êxodo para o campo.

No entanto, na sociedade moderna existe outro tipo de ruído contra o qual não se luta, mas é inclusive buscado. A pessoa superficial não suporta o silêncio. O recolhimento e a solidão a aborrecem. Ela busca o ruído interior para não ouvir seu próprio vazio:

---

130. Cf. o excelente trabalho: MARTÍN VELASCO, J. *Ser cristiano en una cultura posmoderna*. Op. cit.
131. De SMEDT, M. *Éloge du silence*. Paris: Albin Michel, 1986.

palavras, imagens, músicas, alvoroçamento. É mais fácil viver sem escutar nenhuma voz interior; ou ocupar-se com alguma coisa para não encontrar-se consigo mesma; ou fazer barulho para não ouvir a própria solidão.

Hoje o ruído está dentro das próprias pessoas: na agitação e na confusão que reina em seu interior, nas correrias e na ansiedade que dominam seu viver diário. Um ruído que, com frequência, reflete a projeção de problemas pessoais, de vazios e contradições que não foram resolvidos no silêncio do coração. O homem moderno está longe de aprender a entrar em si mesmo para criar o clima de silêncio indispensável na reconstrução de seu mundo interior. O que ele busca é um ruído suave, um som agradável que lhe permita viver sem ouvir o silêncio. É significativa a "explosão musical" na sociedade moderna. O homem de hoje ouve música do nascer ao pôr do sol. A música converteu-se em encontro permanente de não poucas pessoas. Ouve-se música no trabalho e no restaurante, no carro, no ônibus ou no avião, lendo ou praticando esportes. Vive-se continuamente "de música". Dá a impressão de que o indivíduo moderno sente a necessidade secreta de permanecer fora de si mesmo, de ser transportado, de ver-se envolvido em um ambiente inebriante, com a consciência agradavelmente anestesiada.

2 Perfil da pessoa privada de silêncio e profundidade

Nada melhor para conhecer os efeitos devastadores dessa cultura do ruído e da superficialidade do que tentar desenhar, mesmo que sumariamente, as características e o perfil de pessoa que ele tende a gerar.

a) Sem interioridade

O barulho dissolve a interioridade, já a superficialidade a anula. O indivíduo entra num processo de desinteriorização e de banalização. Privado de silêncio vive a partir do exterior de si, a partir de sua crosta. Toda a sua vida vai se tornando exterior. Sem contato com o essencial de si mesmo, conectado com todo esse mundo exterior no qual se encontra instalado, o indivíduo resiste à profundidade, não é capaz de adentrar-se ao mundo interior. Prefere continuar vivendo uma existência intranscendente onde o importante é viver entretido, funcionar sem alma, viver só de pão, continuar morto interiormente antes que expor-se ao perigo de viver na verdade e na plenitude. Paulo VI, já em seu tempo, dizia: "Nós, homens modernos, somos demasiadamente extrovertidos, vivemos fora de nossa casa e inclusive perdemos a chave para voltar a entrar nela novamente"[132].

b) Sem núcleo unificador

O barulho e a superficialidade impedem que o indivíduo viva a partir do núcleo interior. O indivíduo se dispersa e se dissolve. Falta-lhe um centro unificador. É levado e traído por tudo aquilo que, a partir de fora ou de dentro, o arrasta numa direção ou noutra. A experiência faz-se cada vez mais instável, mutante e frágil. Não é possível a consistência interior. Não existem metas nem referências básicas. A vida vai se convertendo num labirinto. Ocupada com mil coisas, a pessoa se move e se agita sem cessar, porém não sabe de onde vem nem para onde vai. Fragmentada em mil pedaços pelo ba-

---

132. PAULO VI. Homilia durante a missa de Pentecostes (18/05/1975). *Ecclesia* 1.744, jun./1975, p. 770.

rulho, pela hipersolicitação, pelos desejos ou pelas correrias, já não encontra um fio condutor que oriente sua vida, uma razão profunda que sustente e dê alento à sua existência.

c) Alienação

O normal então é viver guiado a partir do exterior. Sem silêncio o indivíduo não se pertence, não é inteiramente dono de si mesmo. Virado para o que é externo, ele é incapaz de escutar as aspirações e desejos mais nobres que nascem de seu íntimo, vive como um robô, programado e dirigido a partir de fora. Sem cultivar o esforço interior e sem cuidar a vida do espírito não é fácil ser verdadeiramente livre. De fato, o estilo de vida que hoje a sociedade impõe separa as pessoas do essencial, impede seu crescimento integral e tende a construir seres servis e triviais, cheios de clichês e sem originalidade alguma. Muitos subscreveriam a obscura descrição de G. Hourdin: "O homem está se fazendo incapaz de querer, de ser livre, de julgar por si mesmo, de mudar seu modo de vida. Ele se converteu em robô disciplinado que trabalha para ganhar dinheiro que depois desfrutará em algumas férias coletivas. Lê as revistas de moda, vê as emissões televisivas que todo mundo vê. Adestra assim sua vontade, o que deve querer, como deve pensar e viver. O cidadão robô da sociedade de consumo perde sua personalidade"[133].

d) Confusão interior

O homem cheio de barulho e superficialidade não pode conhecer-se diretamente a si mesmo. Um mundo sobreposto de imagens,

---

133. HOURDIN, G. *Proceso a la sociedad de consumo*. Barcelona: Dopesa, 1970, p. 59.

ruídos, contatos, impressões e reivindicações o impede. A pessoa não conhece sua autêntica realidade; não tem ouvidos para escutar seu mundo interior, tampouco o suspeita. O barulho cria confusão, desordem, agitação, perda de harmonia e equilíbrio. A pessoa não conhece a quietude e o sossego. A ânsia, a pressa, o ativismo, a irritação se apoderam de sua vida. O homem de hoje aprendeu muitas coisas e está extremamente informado do que acontece no mundo, mas não conhece o caminho para conhecer-se a si mesmo.

e) Incapacidade para o encontro

O homem barulhento e superficial não pode comunicar-se com os outros a partir de sua verdade mais essencial. Voltado para fora, vive paradoxalmente fechado em seu próprio mundo, numa condição que alguém denominou "egocentrismo extrovertido"[134], cada vez mais incapaz de estabelecer contatos vivos e amigáveis. Com o coração endurecido pelo barulho e pela frivolidade, cada qual vive defendendo seu pequeno bem-estar, cada vez mais intocável, triste e aborrecido. A sociedade moderna tende a configurar indivíduos ilhados, vazios, recicláveis, incapazes de verdadeiro encontro com os outros, pois encontrar-se é muito mais do que ver-se, ouvir-se, tocar-se, sentir-se ou unir os corpos. Estamos criando uma sociedade de homens e mulheres solitários que buscam uns aos outros para fugir da própria solidão e vazio, mas que não conseguem se encontrar. Muitos nunca conheceram a verdadeira experiência de amar e sentir-se realmente amado.

---

134. CABALLERO, N. *El camino de la libertad* – Para ser persona es necesario el silencio. 5. ed. Valência: Edicep, 1980, p. 41.

3 A surdez para escutar Deus

Falou-se que "o problema do homem não religioso é essencialmente um problema de barulho"[135]. Provavelmente há muita verdade nisso. O barulho e a superficialidade dificultam e até impedem a abertura à transcendência, e sem essa abertura já não existe mais verdadeira fé nem religião, embora ambas pareçam existir.

a) Repressão da relação com Deus

Quem vive atordoado interiormente por toda sorte de ruídos e sacudido por milhares de opiniões passageiras, sem nunca se deter no essencial, dificilmente se encontra com Deus. Como poderá perceber sua presença vivendo fora de si, separado de sua raiz, voltado para o seu pequeno bem-estar? Como escutará sua voz se vive de forma barulhenta, dispersa e fragmentada, em função de seus próprios gostos e não de um projeto mais nobre de vida? Como poderá, sem escutar seu íntimo, intuir que "o homem é um ser com um mistério em seu coração que é maior do que ele mesmo"? (H.U. von Balthasar).

V. Frankl falou da *Presença ignorada de Deus* no íntimo de muitas pessoas cuja relação com Ele foi reprimida[136]. Assim, a abertura para Deus dessas pessoas, instaladas numa vida pragmática e superficial, que as impede de chegar com um pouco de profundidade ao fundo de seu ser, fica reprimida e atrofiada. Só interessa a satisfação imediata e o bem-estar a qualquer preço. Não sobra espaço para Deus.

Na sociedade moderna, Deus é para muitos não somente um "Deus escondido", mas um Deus impossível de encontrar. A vida

---

135. Ibid., p. 68.
136. FRANKL, V. *La presencia ignorada de Dios*. Op. cit.

dessas pessoas transcorre à margem do Mistério. Fora do próprio pequeno mundo nada de importante existe. Deus é, cada vez mais, uma palavra sem conteúdo, uma abstração. O verdadeiramente transcendental é encher esta curta vida de bem-estar e de experiências prazerosas. Isso é tudo. Então, talvez só sobre lugar para um Deus convertido em "artigo de consumo" do qual se tenta dispor segundo as próprias conveniências e interesses, mas não se cria espaço para o Deus vivo revelado em Jesus, que suscita adoração, alegria e ação de graças e o consequente compromisso por um mundo mais digno e mais humano.

b) Na epiderme da fé

A cultura do barulho e da superficialidade vai corroendo também a fé de muitos cristãos cuja vida transcorre sem experiência interior: só conhecem a Deus "de ouvir dizer". Trata-se de homens e mulheres que ouvem palavras religiosas e praticam ritos sem jamais beber da fonte, de batizados que "nunca ouviram falar do Espírito Santo", pois ninguém os ajuda a perceber sua presença iluminadora, amistosa, consoladora no mais íntimo de seus corações. São pessoas boas arrastadas pelo clima social de nossos dias que continuam fiéis às suas práticas religiosas, mas sem conhecer o Deus vivo que alegra a existência e libera as forças para agir.

Em nossos dias continua-se falando de Deus, mas são poucos os que buscam o que se esconde por detrás dessa palavra. Fala-se de Cristo, mas nada de decisivo se desperta nos corações. Inclusive dir-se-ia que "ter fé" dispensaria a aventura de buscar o rosto de Deus. Tudo às vezes parece reduzir-se a uma religiosidade interesseira, pouco desenvolvida e frequentemente colada a imagens e vivências empobrecidas da infância. Na sociedade do barulho e da superficialidade tudo é possível: rezar sem comunicar-se com Deus, comungar sem estar em comunhão com ninguém, celebrar a liturgia sem celebrar nada. Talvez sempre tenha sido assim, mas hoje tudo parece favorecer esse cristianismo sem interioridade que Marcel Légaut denominou "epiderme da fé"[137].

c) Mediocridade espiritual

A ausência de silêncio diante de Deus, a falta de escuta interior e o descuido do Espírito estão levando a Igreja a uma "mediocridade espiritual" generalizada. K. Rahner considerava que o verdadeiro problema da Igreja contemporânea era "continuar insistindo, com uma resignação e um tédio cada vez maiores, nos canais habituais marcados pela mesma mediocridade espiritual"[138]. Pouco serve então reforçar as instituições, salvaguardar os ritos, custodiar a ortodoxia ou imaginar novas investidas evangelizadoras. É inútil pretender promover a partir de fora, com a organização, o trabalho ou a disciplina, o que somente pode nascer da ação do Espírito nos corações. Vivemos a mediocridade que geramos em todos por nossa forma empobrecida e superficial de viver o mistério cristão. Basta apontar alguns sinais.

Na Igreja existe atividade, trabalho pastoral, organização, planejamento, mas com frequência trabalha-se com uma falta alarmante de "atenção ao interior", buscando um tipo de eficácia imediata e visível, como se não existisse o mistério ou a graça.

A reforma litúrgica pós-conciliar devolveu a importância central e a dignidade à celebração; mas, sem dúvida, muitas vezes não se chega a "sentir e a degustar internamente as coisas" (Inácio de

---

137. LÉGAUT, M. *Convertirse en discípulos.* Op. cit., p. 70-71.
138. RAHNER, K. *Lo dinámico en la Iglesia.* Barcelona: Herder, 1968. • RAHNER, K. *La experiencia del Espíritu.* Madri: Narcea, 1980.

Loyola). Os ritos externos são realizados de forma mais esmerada e as palavras são proferidas em língua vernácula, mas às vezes tudo parece acontecer sem envolver as pessoas. Canta-se com os lábios, mas o coração está ausente; responde-se pontualmente ao presidente da assembleia, porém não se eleva o coração ao louvor; recebe-se a comunhão, mas não se estabelece uma comunicação viva com o Senhor.

Estamos enchendo a liturgia de barulho e esvaziando-a de unção. Introduzimos exortações, avisos, palavras, cantos, instrumentos musicais, mas muitas vezes falta sossego para celebrar a partir de dentro. Os presbíteros pregam e os fiéis escutam, mas às vezes todos saem da igreja sem ter ouvido o Mestre interior. E quase sempre continuamos cultivando uma oração cheia de nós mesmos, mas vazia de Deus.

4 O silêncio, caminho para Deus

Não são poucos os homens e as mulheres que começam a se sentir insatisfeitos. Acham difícil viver sem uma meta ou sem um sentido profundo da vida. Não basta divertir-se. Urge algo a mais: um ânimo novo, uma experiência diferente que arranque do vazio e do desencanto de uma existência tão superficial. Muitos estão cansados de uma vida tão diluída. Reclamam de algo que não é ciência nem técnica, não é moda nem consumo, tampouco doutrina ou discursos religiosos. De maneira confusa e às vezes inconsciente essas pessoas buscam uma experiência de salvação, um encontro novo com o essencial da vida. Ou seja, sentem-se necessitadas de uma Boa Notícia de Deus que toque as profundezas de seus corações.

a) Silêncio atraído por Deus

Existe um silêncio que não é só ausência de ruídos incômodos. Tampouco é técnica terapêutica, vida sossegada ou contato sereno com a natureza. É silêncio a sós com Deus. É colocar-nos em contato com a essência de nosso ser, calar-nos, adentrar-nos confiantemente no amor insondável de Deus e ficarmos imersos nesse Mistério que não pode ser explicado nem dito, mas somente ouvido e adorado. O silêncio consiste em acalmar pouco a pouco os ruídos e as solicitações que nos chegam de fora, acalmar principalmente o ruído de nosso próprio eu com seu cortejo de ambições, medos, orgulhos e autocomplacências, para nos perdermos na presença obscura e ao mesmo tempo luminosa, tremenda e fascinante, mas sempre inconfundível, amorosa e terna desse Mistério que sustenta e envolve nosso ser.

Acostumados a vivê-lo a partir de fora, às vezes esquecemos que, para encontrar-nos com Deus, precisamos buscá-lo dentro de nós mesmos. O mistério de Deus é uma experiência vivida no silêncio de nosso coração. Se não o encontramos dentro de nós mesmos, não o encontramos em parte alguma. Se eu quero me encontrar com Deus, tenho que entrar na essência de mim mesmo. Ou seja, abandonar essa falsa segurança que aparento diante dos outros e atrever-me a ficar a sós com Deus.

Talvez, nas primeiras tentativas, nada de especial aconteça. Talvez só percebamos nossos medos, preocupações e problemas. Nossa mente pode inicialmente encher-se de toda sorte de pensamentos e imagens, mas se permanecermos em silêncio, novas experiências seguramente descobriremos. Sentiremos que o Mistério último da vida se nos oculta, mas começaremos a intuir que está próximo. Não podemos ouvir as palavras de Deus, mas seu silêncio pode ser eloquente. Não podemos vê-lo, mas seu olhar amoroso talvez se nos apresente.

Se continuarmos em silêncio e em paz, começaremos a ouvir perguntas profundas, que nascem de nosso íntimo: O que estou fazendo de minha vida? O que busco definitivamente? Por que perdi minha confiança em Deus? Por que não o deixo entrar em minha vida? O silêncio é a linguagem de Deus. Entre nossas perguntas, medos e desejos e a presença amorosa de Deus só existe uma tênue teia que a qualquer momento pode cair. Deus está dentro de mim!

É aí, ao calarmos nosso ser diante de Deus, que reconhecemos humildemente nossa própria finitude: "Eu não sou tudo, não posso tudo, não sou a fonte nem o dono de meu ser". Esse é o momento de acolher com confiança o Mistério que fundamenta meu ser; de descobrir com alegria que existe "algo" para além de tudo, algo que transcende, mas que está aí, fundando e sustentando meu ser; de saber que posso viver dessa presença.

No centro desse silêncio e impregnando-o inteiramente está o amor. Ele foi denominado de várias maneiras: "chama viva de amor", "estimulação cega do amor", "despido impulso do desejo", descobrimento da "música calada"[139]. Quanto mais forte é o amor, mais profundo é o silêncio e mais intensa é a atração. Esse silêncio, vivido muitas vezes de maneira pobre e vacilante, introduz, no entanto, uma "ruptura de nível" que permite viver uma experiência diferente, que está acima das vivências centradas na utilidade, no pragmatismo, na agitação, no barulho, nas modas ou no consumo[140].

---

139. Cf. o excelente estudo: JOHNSTON, W. *La música callada* – La ciencia de la meditación. Madri: Paulinas, 1980.
140. MARTÍN VELASCO, J. *La experiencia cristiana de Dios*. Op. cit. Para este autor, em toda verdadeira oração se produz de alguma maneira essa ruptura de nível.

b) Silêncio que cura a pessoa

Esse silêncio diante de Deus é capaz de reconstruir nossa pessoa e fazer-nos viver de maneira mais digna e mais humana. Ele pode nos curar do vazio e da frivolidade, da agitação e da superficialidade. Nós também podemos aprender a "saborear a vida na fonte"[141] e viver a partir da raiz da existência, libertando-nos da superficialidade.

É o mistério de Deus acolhido no silêncio que pode nos fazer viver na verdade, ensinando-nos a saborear a vida em toda profundidade, sem desperdiçá-la de qualquer maneira e sem passar superficialmente sobre o essencial. É o mistério de Deus que pode nos conduzir suavemente a encontrar uma harmonia nova e um ritmo mais saudável. É Deus que pode fazer crescer nossa liberdade interior para abrir-nos a uma comunicação nova e mais profunda com Ele, conosco mesmos e com os outros. O mistério de Deus pode trabalhar em silêncio libertando-nos do vazio interior e da solidão: pode devolver-nos a capacidade de dar e receber, de amar e ser amados. O Espírito de Deus nos faz renascer diariamente e nos permite começar sempre de novo, apesar do desgaste, do pecado e da deterioração do viver cotidiano.

No silêncio de Deus podemos descobrir melhor nossa pequenez e pobreza, nossa superficialidade e vazio; mas, ao mesmo tempo, diante de Deus podemos descobrir nossa grandeza de seres amados infinitamente por Ele, transformados e salvos por seu amor. Quem vive em silêncio diante de Deus descobre "que o amor de Deus não se acabou nem sua ternura se esgotou; cada manhã eles se renovam

---

141. RITTER, T. *Libérer la source* – La méditation, chemin de vie. Paris: Cerf, 1982.

[...]. O Senhor é bom para quem nele espera, para aquele que o procura. É bom esperar em silêncio a salvação do Senhor" (Lm 3,22-26). O silêncio interior pode abrir-nos o caminho para escutar em nosso próprio coração a Boa Notícia de Deus.

c) O silêncio para escutar o irmão

Quem vive a partir do silêncio com Deus descobre o mundo, a vida, as coisas, a existência inteira com nova luz. Não se detém apenas no episódico. Mais enraizado em Deus e mais esquecido de si mesmo, já não se sente estranho diante de alguém ou de alguma coisa. É capaz de abraçar interiormente o universo inteiro com paz e amor fraternos. É capaz de ouvir o canto da criação e unir-se no louvor que a partir dela se eleva até Deus.

No silêncio de Deus – no entanto e sobretudo – aprendemos a ouvir e a amar os seus filhos. A partir desse silêncio nos é mais fácil captar tudo o que é bom, belo, digno e grande, que existe em cada vida humana. E é mais fácil também ouvir os sofrimentos e a dor dos que vivem e morrem sem conhecer o amor, a amizade, um lar ou o pão de cada dia. O silêncio diante de Deus nos torna mais sensíveis aos medos, aos anseios e às esperanças das pessoas.

5 Cultivar a espiritualidade de Jesus

"Espiritualidade" é uma palavra que não está "na ordem do dia" das sociedades secularizadas. Para muitos ela sugere algo distante da vida real, cuja serventia exata é desconhecida. O que importa é o concreto, o prático, o material, não o "espiritual". Entretanto, o "espírito" de uma pessoa é algo valorizado também em nossos dias, pois ele representa o mais profundo de seu ser: suas motivações últimas, a paixão que anima o indivíduo, suas aspirações mais profundas, a forma como uma pessoa contagia as outras, o que um determinado indivíduo oferece ao mundo.

A "espiritualidade", num sentido mais amplo, consiste em viver realmente com "espírito", não de forma inconsciente, automática ou vazia, programados a partir de fora por modas ou orientações alheias ao mais profundo de nosso ser. Obviamente, da mesma forma com que o "espírito" vai inspirando e impregnando os projetos e os compromissos de cada pessoa, da mesma forma será sua espiritualidade. Pode-se viver com "espírito" franciscano ou com "espírito" capitalista.

A espiritualidade não é patrimônio das religiões. Qualquer pessoa que vive sua existência com profundidade e qualidade humana pode viver com uma determinada espiritualidade que motiva sua vida, que inspira seu comportamento e que configura seus valores e o horizonte de sua existência. No entanto, também é certo que a espiritualidade foi brotando ordinariamente ao longo dos séculos no seio da experiência religiosa, pois a religião remete o ser humano ao mistério último de sua existência e o convida a descobrir o sentido de sua vida e a fazer opções decisivas: Qual é minha experiência de Deus? Qual é o centro de minha vida? Onde coloco minha última esperança?

Ao longo dos séculos foi crescendo no cristianismo diferentes escolas e correntes de espiritualidade nem sempre inspiradas na experiência de Jesus. Estou convencido de que, nestes tempos de crise religiosa, não há nada mais urgente na Igreja de Jesus do que cultivar uma espiritualidade enraizada nele. Uma espiritualidade que se alimente em sua experiência genuína de um Deus Pai, que seja reconhecível por sua paixão profética ao serviço do projeto humanizador do Reino de Deus e que esteja orientada por seu olhar preferencial pelos que sofrem e por uma entrega aos mais pobres e necessitados.

a) Novas correntes de espiritualidade

Em tempos de crise sem precedentes, em cujo centro J.B. Metz viu a "crise de Deus", sacudidos por profundas mutações que J. Martín Velasco descreveu como "metamorfose do sagrado", imersos num processo sociorreligioso que Émile Poulat considera como a entrada numa "era pós-cristã", não surpreende o surgimento de novas correntes de espiritualidade em certos setores cristãos e religiosos.

Pela importância do fato, ele merecia uma análise de especialistas. Não é o meu caso nem a minha intenção. Limitar-me-ei a sugerir apenas alguns aspectos a partir da perspectiva de quem busca convidar a cultivar a espiritualidade de Jesus. Estou convencido que justamente nestes tempos de crise Jesus pode estimular uma espiritualidade sadia, criativa, libertadora e geradora de esperança.

Alguns autores consideram que muitas novas correntes de espiritualidade tendem hoje a cultivar uma interiorização de "caráter fusional" que alguns não têm dúvidas em definir como "estrutura simbólico-maternal"[142]. Não é estranho que, em tempos de crise e de incertezas, todos nós busquemos caminhos que nos ofereçam segurança, e aqui pode estar a explicação da sedução que em alguns exerce a sensação de ter encontrado o "caminho verdadeiro". Entretanto, pessoalmente creio que, entre nós, a busca espiritual deve ser algo bem maior do que uma simples busca de segurança.

---

142. BIANCHI, E. *La saveur oubliée de l'Évangile*. Paris: la Renaissance, 2001, p. 83-87.

A partir de uma perspectiva cristã, a característica mais audaz dessas correntes de religiosidade ou de espiritualidade é, talvez, a tendência de eliminar a alteridade do Mistério transcendente, suprimindo qualquer distância. Segundo Martín Velasco, esses movimentos "operam tamanha transformação da religião que, mais do que respostas à crise religiosa, representam seu auge"[143]. Segundo J.B. Metz, tratar-se-ia de verdadeiras "religiões sem Deus", pois o substituem ocupando seu lugar e confirmando assim a profundidade da "ausência de Deus".

Entretanto, quando se elimina a alteridade do Mistério e faz-se do silêncio uma "imersão no abismo indeterminado da divindade", não estaríamos correndo o risco de ver o nosso próprio "eu" ocupar toda a nossa consciência confundindo o psicológico com o espiritual, o silêncio com o Mistério e a quietude com a fusão com Deus? Não seria o silêncio o elemento a convidar-nos a reconhecer nossos limites?

Essas correntes de espiritualidade correm o risco de, por caminhos diversos, diluir ou deturpar a experiência de Deus como Mistério insondável de amor. Estaríamos falando de um progresso espiritual ou de um empobrecimento lamentável? Já foi dito que "o vazio é a nossa identidade mais radical, pois ele não é outra coisa senão pura capacidade de acolhida". No entanto, seria essa a última palavra de todo o processo de interiorização? Será que não existe um silêncio que não seja "vazio", mas atração e fascinação pelo Mistério de Amor? Não seria o amor a palavra menos inadequada para nomear o Mistério último da realidade? Não seria o amor a resposta que cura esse vazio de nosso ser, que ninguém ou nada é capaz de preencher?

---

143. MARTÍN VELASCO, J. *El fenómeno místico*. Op. cit., p. 475. Cf. MARDONES, J.M. *Para comprender las nuevas religiones*. Estella: Verbo Divino, 1994.

A partir do seguimento de Jesus, minha grande interrogação normalmente a expresso assim: bastaria o silêncio ou é necessário também olhar para o outro e, mais concretamente ainda, o olhar para quem sofre? O teólogo alemão J. Batista Metz o formulou há alguns anos dizendo que, diante da "mística dos olhos fechados", geralmente mais própria à espiritualidade oriental, centrada no silêncio interior, a mística inspirada em Jesus é uma "mística de olhos abertos" e de responsabilidade absoluta diante dos que sofrem. Com certeza o seguimento de Jesus nos faz viver atentos ao sofrimento das pessoas ou, como diria o filósofo lituano-francês de origem judaica Emmanuel Lévinas, atentos à aparição do "rosto do outro", que expressa, inclusive sem palavras, o caráter vulnerável e frágil do ser humano[144].

Estou convencido que, para viver nestes tempos de maneira digna e sadia, necessitamos das duas coisas: "silêncio interior" para limpar nosso olhar e libertar-nos de possíveis autoenganos, que nos afastariam de nosso ser mais autêntico, e "olhar atento aos que sofrem" para libertar nosso silêncio interior dos riscos de cair num "eu" falso e egocêntrico.

A busca interior que se cultiva nessas novas experiências espirituais recorda aos cristãos a necessidade da "mística de olhos fechados", tão descuidada nos dias de hoje. No entanto, o seguimento de Jesus está nos pressionando a não perder de vista a "mística dos olhos abertos". Se os cristãos não são capazes de ouvir no silêncio interior o Mistério da transcendência como amor insondável e fecham os olhos para não ver o rosto dos que sofrem, então os outros

---

144. MÈLICH, J.C. *Ética de la compasión*. Barcelona: Herder, 2010. • CASTILLO, J.M. "La sensibilidad de Jesús". In: *El grito de los excluidos* – Seguimiento a Jesús y teología. Estella: Verbo Divino, 2006, p. 153-172.

poderão nos acusar com razão de estarmos alimentando um "individualismo narcisista" e, sobretudo, de estarmos abandonando a grande herança de Jesus à humanidade: a compaixão para com os que sofrem. De fato já se falou que, uma vez satisfeitas as necessidades materiais, os cristãos dos países do bem-estar perecem dedicar-se agora à busca do "bem-estar espiritual". Seria uma das características da religião burguesa que J.B. Metz vem criticando há alguns anos.

É certo que, a partir de visões transdualistas e posições semelhantes, se afirma que o descobrimento que "todos somos um" e que "o mundo e eu somos uma mesma e única coisa" tem por fruto "a compaixão para com todo ser vivo" e a determinação de viver sem fazer o mal a ninguém e a nada. No entanto, o chamado de Jesus a sermos compassivos à semelhança do Pai não se reduz a não fazer o mal: é, além disso, aliviar o sofrimento e erradicar suas causas. Não é somente respeito para com todo ser vivo: é, além disso, paixão profética, encarnação do amor fraterno na história, luta comprometida para construir um mundo mais justo, mais digno e mais feliz para todos, começando pelos últimos.

b) Por uma espiritualidade enraizada em Jesus

Vou indicar brevemente algumas características da espiritualidade de Jesus que ajudam a discernir o itinerário espiritual que seus discípulos podem hoje seguir.

A experiência de um Deus Pai – Os relatos evangélicos nos transmitiram a lembrança da experiência interior que marca para sempre a existência de Jesus. Como é natural, os relatos não podem descrever o que Jesus viveu no fundo de seu ser, mas foram capazes de recriar uma cena comovedora para evocar essa vivência. Lucas nos diz que tudo acontece "enquanto Ele está em oração". Num determinado momento, "os céus se abrem", isto é, cessam as distâncias; o mistério oculto de Deus se comunica com Jesus. "O Espírito Santo desce sobre Ele", isto é, o sopro de Deus, que cria e dá vida a todo ser vivo, inunda e enche todo o seu ser. Isto é o que Jesus escuta em seu silêncio interior: "Tu és meu Filho amado". Teu ser está nascendo de mim. Eu sou teu Pai. Desejo-te ardentemente. Alegro-me imensamente por ser meu Filho. "Em ti me comprazo" (cf. Mc 1,9-11; Mt 3,16-17; Lc 3,21-22). Na experiência de Jesus não existe vazio, mas plenitude. Não existe fusão com o Mistério, mas acolhida alegre do amor insondável do Pai. A partir desse instante, Jesus só o invocará com este nome: *Abbá*, Pai.

Dessa experiência brotam em Jesus duas atitudes que Ele vive e tenta comunicar aos seus seguidores: confiança absoluta em Deus e docilidade incondicional ao Pai. Jesus confia em Deus no fundo de seu coração. Abandona-se a Ele sem receios nem cálculos. Não vive nada de forma forçada ou artificial. Nada é postiço nele. Ele simplesmente confia e se apoia em Deus, seu Pai, e vive impulsionado por seu amor. Ao mesmo tempo, Jesus vive em atitude de docilidade total ao Pai. Ninguém o desviará desse caminho. Como bom filho, será sempre a alegria do Pai. Como filho fiel viverá identificado com Ele. Amará a todos "ao extremo". Jesus vive a partir do silêncio interior no qual ouve o mistério de Deus como a Boa Notícia de um Pai.

Espiritualidade centrada no projeto do Reino de Deus – Depois da experiência vivida no Jordão, o relato de Marcos resume toda a atividade profética de Jesus dizendo que Ele "proclamava a boa-nova de Deus" e dizia: "Completou-se o tempo, e o Reino de Deus está próximo. Convertei-vos e crede no Evangelho" (Mc 1,15). O que Jesus ensina não é propriamente uma "doutrina religiosa", mas um "acontecimento", algo que está se passando, e que é necessário acolher, pois isso pode mudar tudo. Ele já o está experimentando e quer que todos compartilhem dessa experiência.

"O Reino de Deus está próximo" – Jesus experimentou junto ao Jordão sua proximidade. Deus não quer deixar-nos sós diante dos problemas, dos conflitos, dos sofrimentos. Deus é um Pai que está buscando abrir caminho em nós e entre nós para tornar a vida de seus filhos mais humana. Um mundo diferente, mais justo, mais digno é possível, mas precisamos colaborar com Deus para que assim seja.

"Convertei-vos" – Mudem a forma de pensar e de agir. Deus não pode transformar o mundo se nós mesmos não mudamos nossa maneira de proceder. Sua vontade de humanizar a vida vai se tornando realidade em nossa resposta ao seu projeto do Reino de Deus. É possível dar uma nova direção à história humana, pois Deus nos está atraindo a partir do mais íntimo de nosso ser e nos convida a tornar o mundo mais humano. Todos podem compartilhar da mesma experiência de Jesus: todos somos filhos de um Deus Pai; todos podemos viver confiando nele; todos podemos ser dóceis ao seu projeto do Reino; todos podemos colaborar para um mundo mais fraterno.

"Convertei-vos e crede no Evangelho" – Precisamos confiar na experiência vivida por Jesus, acreditar na Boa Notícia de Deus e crer no poder transformador do ser humano, atraído pelo Pai para construir um mundo mais justo e fraterno. O que necessitamos é de colaboradores no projeto humanizador do Pai, profetas do Reino de Deus, seguidores fiéis de Jesus.

Esse projeto do Reino de Deus não é uma religião. É muito mais. Ele ultrapassa as crenças, os preceitos, os ritos de qualquer religião. É uma nova espiritualidade. Um modo novo de acolher e de viver o mistério de Deus que nos leva a situá-lo inteiramente dentro de seu grande projeto de humanizar o mundo. Essa espiritualidade de Jesus é o critério para verificar a identidade dos cristãos, a verdade de seus seguidores, a autenticidade do que a Igreja faz.

Espiritualidade ao serviço de uma vida mais humana – Por conseguinte, o centro da experiência interior de Jesus não é propriamente ocupado por Deus, mas pelo "Reino de Deus", pois Jesus nunca separa Deus de seu projeto de humanizar a vida e de transformar o mundo. Em seu silêncio interior, Jesus nunca percebe Deus fechado em seu Mistério insondável, isolado do sofrimento humano e indiferente à história de seus filhos. Jesus experimenta Deus como uma presença boa e amigável, que convida a todos a construir um mundo mais humano e fraterno. Por isso Jesus não convida seus seguidores a buscar a Deus por caminhos de perfeição interior, mas a "buscar o Reino de Deus e sua justiça" (Mt 6,33). Não os chama, tampouco, à conversão a Deus, retornando à observância da Lei, mas os convida a "entrar" na dinâmica do Reino de Deus.

Para entender bem essa espiritualidade de Jesus precisamos captar o sentido daquilo que Ele denomina "Reino de Deus": trata-se da vida como Deus Pai pretende construí-la. Onde "reina" Deus reina a justiça, o amor fraterno, a solidariedade, a misericórdia. Há alguns anos o teólogo francês C. Duquoc advertia que Jesus nunca discutiu com nenhum grupo judeu sobre Deus: todos reconheciam o mesmo Deus, o criador dos céus e da terra, o libertador de seu povo querido da escravidão do Egito. De onde surge o conflito e os enfrentamentos? O antagonismo reside no fato que, enquanto os mestres da Lei e os dirigentes religiosos do templo associam Deus à religião, Jesus o vincula a uma vida mais digna e saudável para seus filhos[145]. Por isso os setores mais conservadores e religiosos se

---

145. DUQUOC, C. *Dios es diferente*. Salamanca: Sígueme, 1978, p. 39-55.

sentem chamados por Deus a garantir a observância da lei, o cumprimento do sábado, os sacrifícios rituais... Jesus, pelo contrário, se sente impulsionado por sua experiência interior a promover a vida. Assim o Evangelho de João resume seu propósito: "Eu vim para que todos tenham vida, e a tenham em abundância" (Jo 10,10). Os relatos evangélicos apresentam Jesus preocupado com a vida das pessoas, não com o culto; ocupado com a cura dos enfermos, não com o cumprimento do sábado; promovendo uma sociedade reconciliada, não com a apresentação das ofertas no Templo; oferecendo aos pecadores o perdão gratuito de Deus, não insistindo nos ritos de expiação.

Espiritualidade incentivada pela compaixão – A espiritualidade de todos os grupos e setores religiosos de Israel no tempo de Jesus era inspirada por um princípio: "Sede santos, porque eu, o Senhor, vosso Deus, sou santo" (Lv 19,2). Essa espiritualidade própria da religião judaica não responde à experiência espiritual de Jesus, que parte de um Deus Pai que busca dinamizar entre seus filhos seu projeto humanizador do Reino de Deus. Por isso Jesus, com uma audácia e lucidez surpreendentes introduz um novo princípio. É a misericórdia e não a santidade religiosa o princípio que deve dinamizar a espiritualidade e a conduta de seus seguidores: "Sede misericordiosos como vosso Pai é misericordioso" (Lc 6,36). Essa misericórdia ativa de Deus, que busca uma vida mais digna e mais justa para todos, não é uma virtude, tampouco um preceito. É a grande herança de Jesus à humanidade. Para Jesus, encarnar a misericórdia de Deus na história humana é o caminho para construir um mundo mais justo e fraterno[146].

---

146. A versão paralela de Lc 6,36, em Mt 5,48, tradicionalmente se traduziu assim: "Sede perfeitos [*teleioi*] como vosso Pai do céu é perfeito". Por isso, na história da espiritualidade cristã se esqueceu com frequência o princípio da misericórdia para justificar e promover uma espiritualidade do aperfeiçoamento

O relato evangélico de Lucas descreveu graficamente essa "espiritualidade da compaixão ativa de Jesus numa cena em que se aplica a si mesmo algumas palavras de Is 62,1-2: "O Espírito do Senhor está sobre mim, porque Ele me ungiu. Enviou-me a anunciar a boa-nova aos pobres, a proclamar a libertação aos cativos e a vista aos cegos, para libertar os oprimidos e proclamar um ano de graça do Senhor" (Lc 4,16-22)[147]. Jesus acolhe em sua experiência interior o Mistério de um Pai que o cumula de seu Espírito para orientar sua vida inteira em direção aos pobres. No texto se fala de quatro grupos de pessoas: os pobres, os cativos, os cegos e os oprimidos. Eles representam e resumem a primeira preocupação espiritual de Jesus. No texto se fala também que Jesus, enviado pelo Espírito de Deus, comunica a Boa Notícia aos pobres, libertação aos que vivem cativos de qualquer escravidão, luz para quem caminha nas trevas, liberdade para os oprimidos.

Ali onde se cultiva uma espiritualidade marcada pelo Espírito de Jesus se reconhecerá seus seguidores por sua proximidade aos pobres, por sua defesa dos últimos e por sua prática libertadora de toda forma de escravidão e opressão.

Importância do olhar para os que sofrem – A experiência de Deus como Mistério insondável de um Pai que é amor misericordioso para com seus filhos desperta em Jesus sua capacidade de olhar

---

progressivo em santidade, muito distante do pensamento de Jesus. Atualmente, os exegetas tendem a traduzir assim: "Sede totalmente bons [*teleioi*] como é totalmente bom vosso Pai do céu". David Flusser traduz desta forma sugestiva: "Não imponhais limites à vossa bondade assim como vosso Pai do céu não impõe limites à sua".

147. A cena é provavelmente uma composição do evangelista, mas recolhe a experiência de Jesus.

para os que sofrem com amor compassivo. Assim reage Jesus ao encontrar-se com o cortejo de um enterro no qual uma viúva leva para sepultar seu único filho: "O Senhor a olhou, sentiu compaixão e lhe disse: 'Não chores'" (Lc 7,13). O surpreendente é que Jesus sabe olhar e se comover não somente diante do sofrimento de um indivíduo, mas inclusive diante dos sofrimentos das multidões: "Ao desembarcar viu uma grande multidão, sentiu compaixão daquelas pessoas e curou suas enfermidades" (Mt 14,14); "Ao ver tanta gente, sentiu compaixão, porque eram pessoas cansadas e abatidas, como ovelhas sem pastor, e pôs-se a ensinar-lhes muitas coisas" (Mc 6,34). A dinâmica da reação de Jesus sempre é a mesma: olha para aquele que sofre, sente compaixão e intervém.

Em quase todos os caminhos de espiritualidade se sublinha hoje a importância do silêncio interior, a atenção ao "aqui e agora", "à experiência de unidade", à "consciência"... e com razão[148]. Esses caminhos podem servir a todos nós. No entanto, me atreveria a dizer que o caminho mais eficaz para sintonizar com a espiritualidade de Jesus é aprender a olhar de maneira atenta e responsável no rosto dos que sofrem. Esse olhar nos tira da indiferença que bloqueia nossa compaixão ou de referências religiosas que nos permitem viver com a consciência tranquila sem ativar em nós a solidariedade fraterna. Jesus explicou de maneira clara qual é a dinâmica de uma espiritualidade sustentada pela compaixão. Segundo a Parábola do Bom Samaritano (Lc 10,30-36), um assaltado jaz machucado, abandonado na sarjeta de uma estrada. Felizmente aparecem pelo caminho dois viajantes: primeiro um sacerdote, depois um levita. São represen-

---

148. Cf. JÄGER, W. *Sabiduría eterna* – El misterio que se esconde detrás de todos los caminos espirituales. Estella: Verbo Divino, 2010.

tantes do Deus santo do Templo. Os dois reagem do mesmo modo: vendo o ferido, passam direto, e seguem normalmente o próprio caminho. Como é possível não se terem comovido diante do ferido no caminho? A parábola não o explica. Os ouvintes sabem que os servidores do Templo se regem por um princípio: "Sede santos, porque eu, o Senhor, vosso Deus, sou santo".

No horizonte aparece então um terceiro viajante. Não é sacerdote nem levita. Nem sequer pertence ao povo eleito. É um samaritano, bondoso, que sabe viver a partir do princípio proclamado por Jesus: "Sede compassivos como vosso Pai é compassivo". Lucas descreve detalhadamente sua atuação. Ao chegar ao local, "vê o ferido", "se comove" e "se aproxima". Esta é a reação de quem vive animado pela espiritualidade da compaixão: olha para quem sofre de maneira atenta e responsável; deixa aflorar nele a compaixão pelo sofrimento do outro; aproximar-se dele para torná-lo verdadeiramente seu próximo. A partir dessa primeira reação, o samaritano faz tudo o que pode ao ferido: cura suas feridas, as lava, o coloca sobre a sua própria montaria, o leva a uma pousada, cuida pessoalmente dele e paga ao hospedeiro toda a despesa. Jesus conclui seu relato com estas palavras dirigidas ao mestre da Lei que o interpelou: "Vá e faça o mesmo". A isso deve sentir-se chamado todo aquele que quer viver a espiritualidade de Jesus. A compaixão não pode permanecer reduzida a um sentimento do coração. Para evitar mal-entendidos e falsos reducionismos temos que entendê-la como um princípio que está na origem de toda nossa ação, que imprime uma direção a toda nossa vida e que vai configurando nossos compromissos concretos ao serviço dos que sofrem.

Reflexão

1) Cuidamos para que em nossas celebrações haja momentos de silêncio e recolhimento para saborear internamente o que estamos celebrando [depois da homilia, da comunhão...]?

2) Oferecemos em nossas paróquias dias de encontro ou retiro, num lugar adequado, onde cessam as atividades pastorais, para descansar ou orar num clima de silêncio e de paz? Que valor damos a esse tipo de experiências?

3) Estamos cultivando de maneira explícita a espiritualidade de Jesus? Que aspectos de sua espiritualidade precisamos recuperar e que desvios temos que corrigir em nossas paróquias e comunidades?

Índice

Sumário, 5

Lista de abreviaturas, 7

Apresentação, 9

1 Em meio a uma crise sem precedentes, 15

  1 Centralidade da crise, 15

  2 A "crise de Deus", 18

  3 A crise religiosa entre nós, 21

  4 Algumas mudanças nos cristãos, 27

  5 Deslizamento em direção à indiferença, 30

  6 Perguntas, preocupações e convicções a partir da fé, 32

2 Acolher o mistério de Deus na noite, 37

  1 Sem experiência de Deus não haverá fiéis, 38

  2 O niilismo, nova abertura ao mistério de Deus, 40

  3 Acolher a Deus na secularidade do cotidiano, 44

  4 Buscar Deus no Crucificado, 47

  5 Tirar da cruz os crucificados, 51

3 Anunciar Deus a partir de um horizonte novo, 57

  1 Confiança absoluta na ação salvadora de Deus, 57

  2 Novo começo da fé, 59

3 Acolher o Evangelho antes de anunciá-lo, 63

4 Caminhar com os homens e as mulheres de hoje rumo ao Reino de Deus, 65

5 A partir de uma Igreja sinal de salvação para todos, 68

6 A fé como adesão ao caminho de Jesus, 71

4 Experiência de Deus e evangelização, 77

1 Uma sociedade necessitada da experiência de Deus, 77

a) Pragmatismo devastador, 78

b) Racionalismo redutor, 79

c) Sem núcleo interior, 80

d) A submissão à sociedade, 82

e) A crise de esperança, 84

f) Necessidade de salvação, 85

2 Pobreza espiritual de nossa ação evangelizadora, 87

a) Ausência de comunicação viva com Jesus o Cristo, 87

b) Uma pastoral sem interioridade, 89

c) A sustentação da mediocridade espiritual, 91

d) O risco da deformação pastoral, 92

3 Mística e nova etapa evangelizadora, 93

a) Evangelização como atualização da experiência original cristã, 94

b) Dois elementos importantes da experiência cristã, 98

5 Viver e comunicar a experiência de um Deus amigo, 103

1 A amizade de Jesus, 104

a) O profeta amigo, 104

b) Amigo de seus discípulos, 106

2 Sob o signo da amizade, 108

a) Deus é amor, 108

b) A resposta ao amor de Deus, 111

3 A vida cristã sob o signo da amizade, 112

a) Saber-nos amados, 113

b) A amizade com Cristo, 115

c) A importância do afeto, 116

4 A oração de amizade, 118

a) O encontro com Cristo amigo, 118

b) O tratamento de amizade, 119

c) Características da oração de amizade, 120

5 Testemunhas da amizade de Deus, 121

a) O amor, sinal dos cristãos, 122

b) Introduzir a amizade de Deus no mundo, 123

c) Em plena crise religiosa, 126

d) Diante da pobreza e da exclusão, 128

6 Testemunhas do Deus da vida, 131

1 A condição da testemunha, 132

a) Enraizada na vida, 132

b) Simpatia com as vítimas da descrença, 133

c) A vida está em boas mãos, 135

d) O que move a testemunha de Deus, 135

2 Testemunha de um encontro com Deus, 136

   a) Comunicação de uma experiência, 137

   b) Irradiação de um encontro, 138

   c) Saber-nos amados por Deus, 139

   d) Poder viver amando, 142

3 Testemunha de uma nova vida, 143

   a) Uma experiência de vida mais plena, 144

   b) O testemunho da própria vida, 146

   c) Um estilo de comunicar vida, 147

   d) Uma vida que desperta interesse, 148

4 Humildade da testemunha, 149

   a) A partir da fraqueza, 150

   b) Testemunhas do Mistério, 151

5 A linguagem da testemunha, 152

   a) A palavra da testemunha, 152

   b) Falar de Deus, 154

   c) Rumo a uma linguagem diferente sobre Deus, 155

6 A testemunha no meio da descrença, 156

   a) Aprender dos descrentes, 157

   b) Algumas atitudes básicas, 158

   c) O espírito de diálogo, 159

7 Recuperar a espiritualidade de Jesus, 163

   1 Cultura do ruído e da superficialidade, 163

      a) A explosão das "mídias" e a comunicação informática, 163

b) Hipersolicitação e sedução permanente, 165

c) O império do efêmero, 166

d) A fuga para o ruído, 168

2 Perfil da pessoa privada de silêncio e profundidade, 169

a) Sem interioridade, 170

b) Sem núcleo unificador, 170

c) Alienação, 171

d) Confusão interior, 171

e) Incapacidade para o encontro, 172

3 A surdez para escutar Deus, 173

a) Repressão da relação com Deus, 173

b) Na epiderme da fé, 174

c) Mediocridade espiritual, 175

4 O silêncio, caminho para Deus, 176

a) Silêncio atraído por Deus, 177

b) Silêncio que cura a pessoa, 179

c) O silêncio para escutar o irmão, 180

5 Cultivar a espiritualidade de Jesus, 180

a) Novas correntes de espiritualidade, 182

b) Por uma espiritualidade enraizada em Jesus, 185